Cap a las Mats

NOVEUS PROGRAMAS 2016

occitan lemosin

CICLE 2 CP

W0331021

FICHIER D'ENTRAINAMENT
nombres e calculs

DIRECTOR DE COLLECCION

Roland Charnay
Professor de matematicas

Georges Combier
Professor de matematicas

Marie-Paule Dussuc
Professora de matematicas en ESPE

Dany Madier
Professora de las escòlas

REVIRADA EN OCCITAN (LEMOSIN)
Patrick Ratineaud

RELECTURA :
Gilbert Bourgeois
Josiane Eyssalet

Mercés a Béatrice Elbe e Lydie Treffort e a lors escolans de CP qu'an testat queu obratge.

CAP ÒC

CANOPÉ ÉDITIONS

Hatier

De las sesilhas se fan sens exercicis dins lo fichier. Se referar au guide de l'ensenhaire.

Taula daus contenguts

Noveus aprendissatges | Revision | Consolidacion | Banca de problemas | Juega coma Gribolha

	Problemas	Nombres	Calculs
Unitat 1	**Se servir daus nombres** • Exprimar e memorizar de las quantitats 10, 15 **Banca de problemas:** «Las fotòs de Gribolha» 16	**Quantitats e nombres jurcant'a 10** • Descompausar de las quantitats jurcant'a 4 8 • Associar nombres e quantitats 9, 10, 11, 14, 15 • Dobles jurcant'a 10 11 **Escritura de las chifras** • Chifras de 0 a 9 8, 9, 10, 11	
Unitat 2	**Se servir daus nombres** • Ajostadís e complements 19, 20, 20, 21, 22, 23, 26, 27 **Banca de problemas:** «Las chandelas d'anniversari» 28	**Quantitats e nombres jurcant'a 10** • Descompausar una quantitat (5) 17 • Comparar de las quantitats e daus nombres 17, 18, 26 • Associar nombres e quantitats 18, 19, 20	**Calcul reflechit** • Ajostadís e complements (pitits nombres) 19, 20, 21, 26, 27 • Descompausar una quantitat emb 1, 2 e 5 22, 23, 27
Unitat 3	**Se servir daus nombres** • Reperar un reng 29, 36 **Juega coma Gribolha:** «Lo laberinte» 38	**Quantitats e nombres jurcant'a 19** • Comparar de las quantitats e daus nombres 30, 31 • Seguida daus nombres 32, 33, 36 **Devers la diesena (nombres jurcant'a 19)** • Associar nombres e quantitats (en s'apoiar sus 10) 32, 33, 37	**Calcul reflechit** • Descompausar una quantitat emb 1, 2 e 5 29 **Escrituras simbolicas** • Signes +, – e = 30, 31, 36 **Repertòri aditiu jurcant'a 10** • Calcul reflechit 30, 31, 36
Unitat 4	**Se servir daus nombres** • Partatge en 2 (meitats) 39 **Banca de problemas:** «Los bons partatges» 48	**Nombres jurcant'a 5** • Escritura en chifras e en letras 41 **Nombres jurcant'a 19** • Seguida daus nombres 40 **Nombres jurcant'a 39** • Seguida daus nombres 41, 42, 43, 47 **Devers las diesenas (nombres jurcant'a 39)** • Associar nombres e quantitats (en s'apoiar sus 10) 42, 43, 47	**Repertòri aditiu jurcant'a 10 (calcul reflechit)** • Somas, complements, descompausicions (nombres < 10) 39, 40, 46, 47
Unitat 5	**Banca de problemas:** «Las bóitias de gredons» 58	**Nombres jurcant'a 10** • Escrituras en chifras e en letras (nombres jurcant'a 5) 51 **Nombres jurcant'a 39** • Seguida daus nombres 50, 56 **Diesenas e unitats** • Valor de pausicion de las chifras 53, 57	**Calcul reflechit** • Descompausicions aditivas e sostractivas de 5 e de 10 49 • Ajostadís d'unitats a 10 53, 56 **Repertòri aditiu jurcant'a 10** • Entrainament a la memorizacion 50, 51, 52, 56, 57

© HATIER, 2016. – ISBN : 978-2-218-99944-4 ; © Réseau Canopé, 2016. – ISBN : 978-2-240-04113-5

Cap a las Mats

occitan lemosin

CICLE 2
CP

NOVEUS PROGRAMAS 2016

Las chausidas de Cap a las Mats per los escolans de CP

CANOPÉ ÉDITIONS

Hatier

Cap a las Mats CP

CERCHAR, APRENER, S'ENTRAINAR

1 Per començar un noveu aprendissatge, los escolans son confrontats a-d'un problema, tot sols o ben 'tot en equipas.

Quela fasi de trabalh, dau temps que los escolans cerchan de las solucions apela lor interès per anar devers de las novelas coneissenças.

Au mitan de l'annada, se serven de l'adicion dins l'encastre d'un juec.

En jugar a « La Punta », los escolans deven botar en plaça de las estrategias per adicionar mai d'un nombre o cercher lo complement d'un nombre a un nombre donat.
Melhòran tanben lor memorizacion dau repertòri aditiu (taulas d'adicion).

La Punta

Los escolans chausissen de las cartas que permeten, en adicionar los nombres que i son marcats, de júnher un nombre-cibla.

Au revers, los punts corresponden au nombre que figura a l'endrech, permetant entau aus escolans de controlar los resultats obtenguts per lo calcul.

Dins lo guide pedagogic de l'ensenhaire, las fasis de trabalh son descrichas precisament, acompanhadas de comentaris sus çò que pòt èsser esperat daus escolans e sus las dificultats que podrián encontrar.

2 Aprep la fasi de cercha, lo trabalh sus lo fichier o sus lo quasern de geometria permet a l'escolan de s'entrainar tot sol.

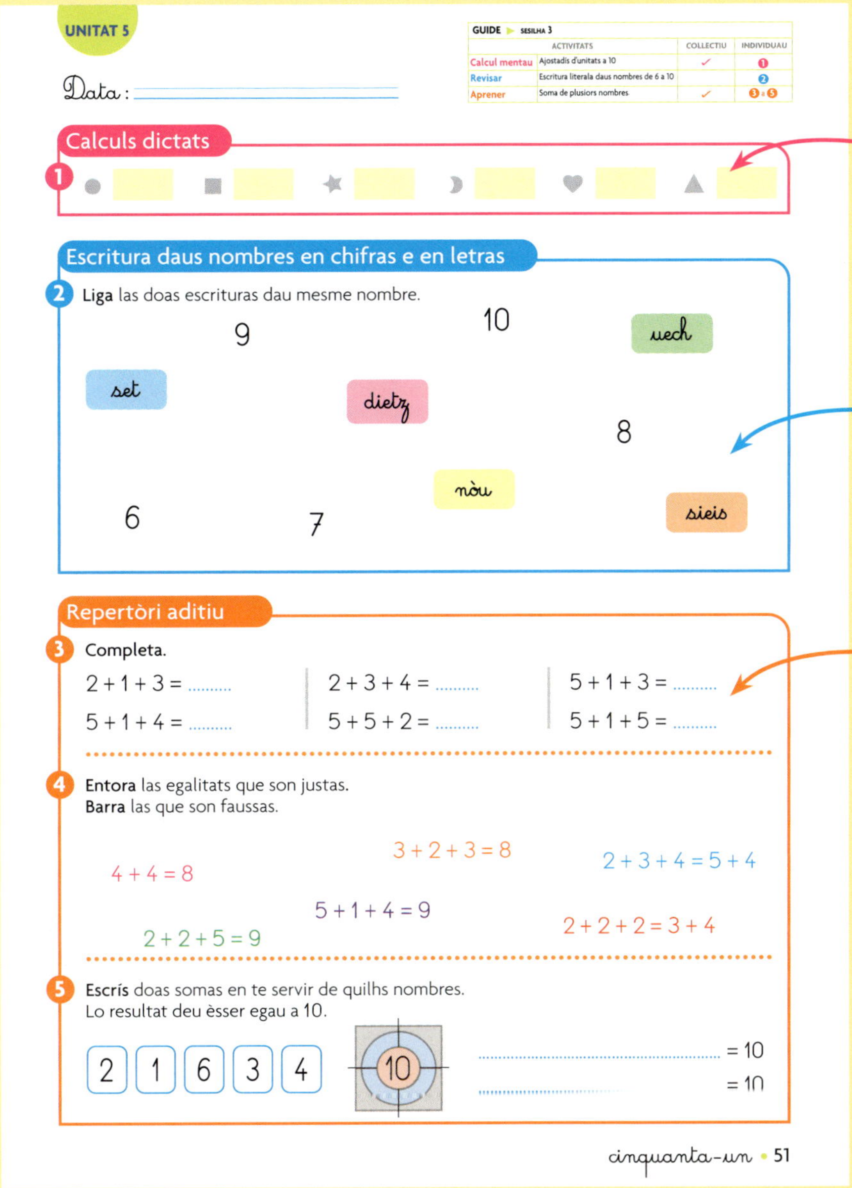
UNITAT 5

Data :

GUIDE ▸ SESILHA 3

ACTIVITATS		COLLECTIU	INDIVIDUAU
Calcul mentau	Ajostadís d'unitats a 10	✓	1
Revisar	Escritura literala daus nombres de 6 a 10		2
Aprener	Soma de plusiors nombres	✓	3 a 5

Calculs dictats

1 ● … ■ … ★ … ☽ … ♥ … ▲ …

Escritura daus nombres en chifras e en letras

2 **Liga** las doas escrituras dau mesme nombre.

9 10 uech set dietz 8 nòu 6 7 sieis

Repertòri aditiu

3 Completa.

2 + 1 + 3 = ……… | 2 + 3 + 4 = ……… | 5 + 1 + 3 = ………
5 + 1 + 4 = ……… | 5 + 5 + 2 = ……… | 5 + 1 + 5 = ………

4 **Entora** las egalitats que son justas.
Barra las que son faussas.

4 + 4 = 8 3 + 2 + 3 = 8 2 + 3 + 4 = 5 + 4 5 + 1 + 4 = 9 2 + 2 + 5 = 9 2 + 2 + 2 = 3 + 4

5 **Escrís** doas somas en te servir de quilhs nombres.
Lo resultat deu èsser egau a 10.

2 1 6 3 4 10

……… = 10
……… = 10

cinquanta-un • 51

Calcul mentau jornalier

Revision de las coneissenças trabalhadas a l'avança

Entrainament de las coneissenças trabalhadas pendent la cercha

3 En fin d'unitat, un bilanç de las aquisicions es realizat e de las activitats de remediacion e de consolidacion son perpausadas.

Las chausidas de Cap a las Mats valorizan l'activitat de l'escolan e responden a las orientacions fixadas per los textes oficiaus.

■ Au cicle 2, la resolucion de problemas es au centre de l'activitat matematica daus escolans, desvelopant lors capacitats a cerchar, rasonar e comunicar.

Los problemas permeten d'anar devers de las novelas nocions, de consolidar de las aquisicions, de provocar daus questionaments.

■ L'introduccion e l'utilizacion daus simbòus matematics son realizats a flor e a mesura que prenen dau sense dins de las situacions d'accion, raportats au vocabulari utilizat.

Programa cicle 2

Extrach dau BO dau 26 de Novembre 2015

Cap a las Mats CP

QUALA PLAÇA PER LO CALCUL MENTAU ?

Lo calcul mentau es **un aprendissatge prioritari.** De las activitats regularas li son consacradas :
– cortas e jornalieras per fin de 'ribar a la memorizacion o ben 'tot a la coneissença rapida de resultats (taulas d'adicion mai que mai) ;
– mai lonjas per fin d'èsser a mesma de fabricar mentalament daus resultats pas enquera coneguts.

LOS ESCOLANS DEVEN-T-ILHS FAR TOTS LOS EXERCICIS ?

L'ensenhaire chausís los exercicis que corresponden aus besonhs de chasque escolan. Daus uns pòden 'donc pas èsser tractats per tots los escolans. Daus noveus exercicis pòden tanben èsser perpausats dins las paginas « Consolid mas coneissenças » a la fin de chasca unitat o ben 'tot en utilizar las fichas diferenciacion disponiblas sus lo **CD ròm ressorças.**

COMA GARDAR UNA TRAÇA ESCRICHA DAUS PRINCIPAUS APRENDISSATGES ?

Es important que los escolans pueschan se referar a-d'una traça escricha de çò qu'an aprés. Quela-quí pòt, au CP, prener mai d'una fòrma :
– los afichatges disponibles dins la classa ;
– los ustilhs individuaus qu'an los escolans (fila numerica, tableu daus nombres : jos-man) ;
– lo Dicò-mats de Cap a las Mats que lista las nocions importantas dau CP.

D'autras traças escrichas pòden èsser elaboradas a l'iniciativa de l'ensenhaire.

PERQUÉ LAS ACTIVITATS DE GEOMETRIA E DE MESURAS SON-T-ELAS PERPAUSADAS DINS UN QUASERN A COSTAT ?

La geometria e la mesura son daus domenis importants a l'escòla primària.
L'utilizacion dau quasern de geometria-mesuras presenta dos avantatges :
– mens espés que lo fichier, es mai practic ; los escolans son pas geinats per la reliadura quante se serven daus instruments ;
– los escolans trabalhan sus de las figuras mai grandas, çò que rend mai aisada l'identificacion de las proprietats.

COMA UTILIZAR « L'ESPACI DEMARCHA » DE QUAUQUAS ACTIVITATS DAU FICHIER ?

Quante las questions pausadas an mestier d'una cercha, quela-quí se fai d'en prumier sus una fuelha de brolhon, en defòra dau fichier. Quò es nonmàs aprep aver preparat sa responsa que l'escolan deu escriure dins l'espaci « demarcha » las principalas estapas de sa cercha e formular la responsa a la question pausada.

COMA AIDAR SON DRÒLLE ?

Au començament de l'annada, daus dròlles an de las dificultats per legir e escriure los nombres. La fila numerica es aquí un ustilh que los pòt aidar. Permet aus escolans de reperar de las regularitats dins la seguida escricha daus nombres, çò que los aidará dins la seguida de lors aprendissatges.
A flor e a mesura, l'ensenhaire incitará chasque escolan de se destachar de queu supòrt.

Los contenguts en rapòrt a las mesuras e a la geometria son repertoriats dins lo quasern Mesuras-Geometria (se reportar au somari de queu quasern).

	Problemas	Nombres	Calculs
Unitat 6	**Se servir daus nombres e dau calcul** • Partatge en 2 59 • Dobles e meitats 59 • Reünion de quantitats, tirar una quantitat 59, 63 **Juega coma Gribolha :** « Daus bonbons », « A l'aclachat » 70	**Diesenas e unitats** • Desnombrar en gropar per diesenas 62, 63, 68, 69 **Nombres jurcant'a 39** • Comparason 64, 65 **Nombres jurcant'a 59** • Seguida daus nombres 64, 69 • Comparason 65, 69	**Repertòri aditiu jurcant'a 10** • Complements a 10 60 • Descompausicions de nombres 62, 68 **Calcul reflechit (adicion)** • En s'apoiar sus los dobles 60, 61, 68 • En s'apoiar sus 5 e 10 61, 68
Unitat 7	**Se servir daus nombres e dau calcul** • Amassar de las quantitats, tirar una quantitat 71 • Desplaçaments sus la fila numerica (en avant e en arrier) 72, 73, 78 • Complements a 10 74 **Banca de problemas :** « Emb la monuda » 80	**Nombres jurcant'a 59** • Comparason 72 • Seguida daus nombres 73 **Diesenas e unitats** • Ajostar de 1 o de 10 74, 79 • Valor de pausicion de las chifras, conversions 75, 79	**Calcul reflechit** • Calculs emb 1, 2, 5, 10 (monuda) 71 • Descompausicions de nombres 75, 78
Unitat 8	**Se servir daus nombres e dau calcul** • Desplaçaments sus la fila numerica (en avant e en arrier) 81, 84 **Banca de problemas :** « Los dimecres de Artus e de Zoe » 89	**Nombres jurcant'a 99** • Tableu daus nombres 83, 84, 88 **Diesenas e unitats** • Desnombrar en diesenas e en unitats 85	**Repertòri aditiu jurcant'a 18 (calcul reflechit)** • Somas, complements, descompausicions (nombres < 10) 81, 82, 88 **Calcul reflechit** • Somas egalas (< 20) 82 • Comparar de las somas 83 • Calcul sus las diesenas 85, 88
Unitat 9	**Se servir daus nombres e dau calcul** • Partatge en 2 90 • Reünion de plusiors quantitats identicas 94 **Juega coma Gribolha :** « Coma los Romans » 100	**Nombres jurcant'a 79** • Escrituras en chifras e en letras 90, 93, 98, 99 **Nombres jurcant'a 99** • Tableu daus nombres 91 • Seguida de 1 en 1 e de 10 en 10 93 **Diesenas e unitats** • Descompausicions emb 10 91, 92, 99 • Desnombrar en diesenas e en unitats 95	**Calcul reflechit** • Comparar e egalizar de las somas 92 • Somas de 2 nombres (< 100) 94, 95, 99 • Descompausicions de nombres 98
Unitat 10	**Se servir daus nombres e dau calcul** • Cercha d'un complement 101, 102, 103, 105, 110 • Descompausicions de somas d'argent emb 1, 2, 5, 10, 20, 50 (monuda) 102 **Banca de problemas :** « Lo cirque » 111	**Nombres jurcant'a 99** • Escrituras en chifras e en letras 101, 110	**Repertòri aditiu jurcant'a 18** • Somas 110 **Calcul reflechit** • Descompausicions de nombres emb 1, 2, 5, 10, 20, 50 (monuda) 102 • Autras descompausicions de nombres 103, 104, 107, 107 • Comparar de las somas 106, 110 **Calcul pausat (adicion)** • Adicion pausada en colonas 104, 105, 106, 110

Calcul mentau e coneissenças daus nombres : progression

Lo calcul mentau es l'object d'un entrainament jornalier.
Las questions son descrichas dins lo guide de l'ensenhaire.
Los calculs perpausats passan siá per la memorizacion de resultats o ben 'tot de l'automatizacion de proceduras, siá per dau calcul reflechit (resultats elaborats de biais rasonat).
Segon lo moment dins l'annada, un mesme calcul pòt aver mestier de la memorizacion o ben 'tot de la reflexion.

	Problemas dictats	Memorizacion, automatizacion	Reflexion
Unitat 1	• Ajostar e sostraire 1 a una quantitat (jurcant'a 10)	• Desnombrar redde (jurcant'a 5) • Seguida orala (jurcant'a 10) • Desnombrar en s'apoiar sus los dobles (jurcant'a 10) • Ajostar e sostraire 1 (jurcant'a 10) • Dobles (jurcant'a 10)	
Unitat 2	• Ajostar e sostraire de las pitas quantitats (jurcant'a 10) • Trobar lo complement d'una quantitat (jurcant'a 10)	• Seguida orala (jurcant'a 16)	• Ajostar e sostraire de las pitas quantitats (jurcant'a 10) • Complements (jurcant'a 10)
Unitat 3	• Ajostar e sostraire de las pitas quantitats (jurcant'a 10)	• Dictada de nombres (jurcant'a 16) • Seguida orala (jurcant'a 19)	• Ajostar e sostraire daus pitits nombres (jurcant'a 10) • Complements (jurcant'a 10)
Unitat 4	• Dobles e meitats (jurcant'a 10) • Complements a 10	• Seguida orala (jurcant'a 39) • Dobles e meitats (jurcant'a 10) • Complements a 5 • Complements a 10	
Unitat 5		• Seguida orala (jurcant'a 39) • Dictada de nombres (jurcant'a 39) • Calculs dau modele 10 + 3, 10 + 7... • Calculs de complements (dau modele 10 a 13, 10 a 17...) • Calculs dau modele 13 – 10, 17 – 10...	
Unitat 6	• Dobles e meitats (jurcant'a 10) • Adicion, sostraccion	• Repertòri aditiu (jurcant'a 10)	• Calculs en s'apoiar sus los dobles (jurcant'a 20) • Calculs en s'apoiar sus 5 e 10 (jurcant'a 14)
Unitat 7	• Adicion, complement (sus de las quantitats)	• Dictada de nombres (jurcant'a 59) • Seguida orala de dietz en dietz (jurcant'a 59) • Repertòri aditiu (jurcant'a 14)	
Unitat 8	• Adicion, sostraccion ligadas a daus desplaçaments sus una pista numerotada	• Dictada de nombres (jurcant'a 59) • Seguida orala de dietz en dietz (jurcant'a 59) • Complements e diferenças (jurcant'a 10)	• Calcul sus las diesenas e las unitats
Unitat 9	• Partatge en 2 • Adicion : reünion de quantitats identicas	• Dictada de nombres (jurcant'a 79) • Repertòri aditiu (jurcant'a 16) • Dobles e meitats (jurcant'a 20)	• Descompausicions aditivas de nombres (jurcant'a 14)
Unitat 10	• Adicion, complement (sus de las quantitats)	• Dictada de nombres (jurcant'a 99) • Repertòri aditiu (jurcant'a 18)	• Complements e diferenças (jurcant'a 18) • Calcul sus las diesenas e las unitats

'Riebe au CP

Evaluacion iniciala

Quela evaluacion regarda las competenças relativas **a las quantitats e aus nombres,** mai que mai importantas per organizar la seguida daus aprendissatges. **Los resultats de chasque escolan** pòden èsser notats sus una fuelha recapitulativa (ficha de fotocopiar n° 1).

Per la partida 1 (questions 1 a 7), las responsas son oralas. 'Laidonc, l'evaluacion es menada d'un biais individualisat. Preveire 5 a 10 minutas per escolan, dau temps que los autres serán ocupats a de las activitats autonòmas.

Per la partida 2 (questions 8 a 11), las responsas son escrichas sus queu fichier. 'Laidonc, l'evaluacion es menada d'un biais collectiu, las consinhas serán legidas per l'ensenhaire. Preveire 20 a 30 minutas.

Partida 1 Consinhas oralas individualas, responsas oralas

1 Contar quela istòria :

Artus a un garatge per sas pitas veituras. I a desjà *tres* pitas veituras dins lo garatge. Bòta *doas* autras pitas veituras dins lo garatge.

Dija-me quantben i a de pitas veituras, aura, dins lo garatge de Artus.

▶ Resòure un problema d'aumentacion

2 Contar quela istòria :

Zoe a *quatre* fotòs de Gribolha. Ne'n balha *una* a Artus.

Dija-me quantben Zoe a de fotòs de Gribolha, aura.

▶ Resòure un problema de diminucion

MATERIAU FICHA 2 **3** Monstrar la carta emb 3 punts pendent 3 segondas.

Quantben i a-t-eu de punts sus quela carta ?

▶ Coneitre una pita quantitat

MATERIAU FICHA 2 **4** Monstrar la carta emb 5 punts en constellacion pendent 3 segondas.

Quantben i a-t-eu a de punts sus quela carta ?

▶ Coneitre una quantitat organizada

5 **Compta en començar de *un*, lo mai lonh possible.**

'Restar tanleu que l'escolan a despassat *trenta*.

▶ Recitar la seguida daus nombres a comptar de 1

6 **Compta en començar de *cinq* e 'resta-te a *dotze*.**

▶ Recitar la seguida daus nombres, a comptar d'un nombre balhat, emb d'un arrest impausat

MATERIAU 7 CUBES **7** Botar 7 cubes en pagalha davant l'escolan.

Quantben i a-t-eu de cubes ?

▶ Desnombrar una quantitat per comptage (objects desplaçables)

Partida 2

8 Espiatz bien quel imatge.
Entoratz lo personatge que a lo mai de bilhas dins sa maison.
Si quo es Artus que a lo mai de bilhas, entoratz Artus.
Si quo es Zoe que a lo mai de bilhas, entoratz Zoe.

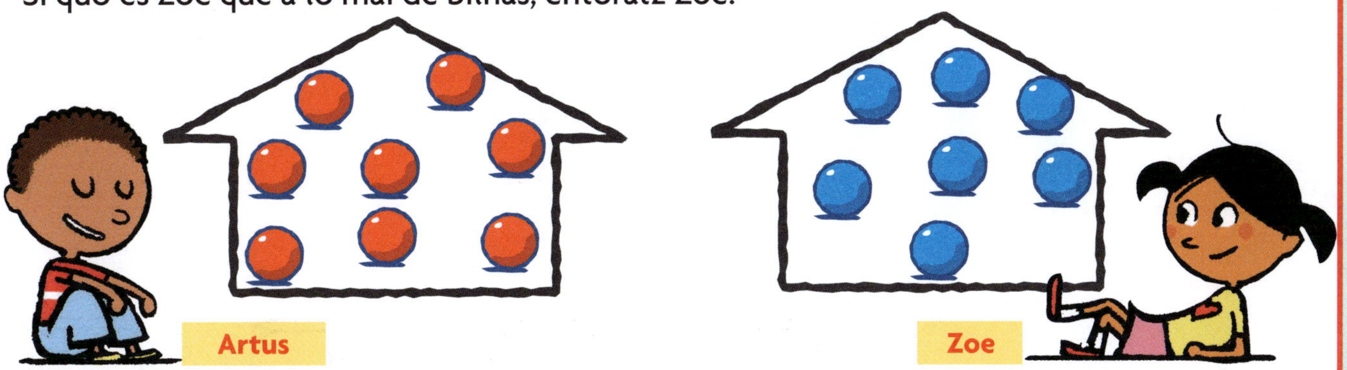

▶ Comparar de las quantitats (colleccions pròpchas)

9 Dessenhatz de las bilhas verdas dins la maison de Gribolha. Deu aver tant de bilhas coma Zoe.

▶ Realizar una colleccion que a tant d'objects coma una autra colleccion

10 Quantben i a-t-eu de carrats blus sus quel imatge ?
Escrivetz vòstra responsa dins la casa.

▶ Desnombrar una quantitat (objects que se pòden pas desplaçar) e escriure lo nombre obtengut

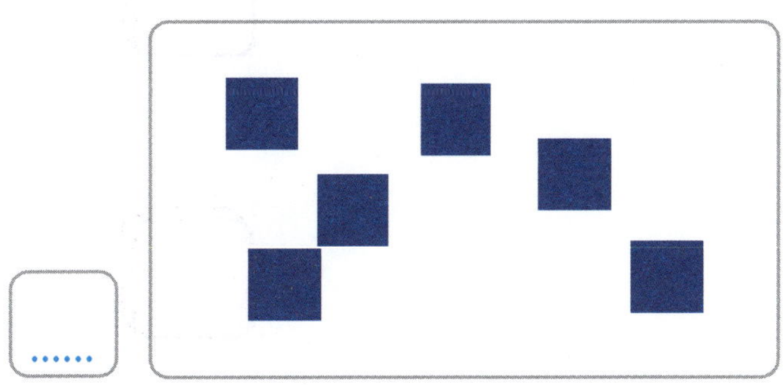

11 Coloriatz en blu lo nombre *dos* e en verd lo nombre *uech*.
Entoratz lo nombre *dietz*.
Fasetz una crotz jos lo nombre *cinc*.

▶ Coneitre las escrituras daus nombres

GUIDE ▶ SESILHA 1 GUIDE ▶ SESILHA 2	Activitats nonmàs dins lo guide		
ACTIVITATS		COLLECTIU	INDIVIDUAU
Nombres e quantitats	Desnombrar viste (jurcant'a 5)	✓	❶
Revisar	Sostraire 1	✓	
Aprener	Descompausar 2, 3 e 4	✓	❷ ❸

dilns	dimars	dimecres	dijòus	divendres	dissades	diumenc

Quantitats jurcant'a 5

1

Obtener 2, 3, 4

2 **Dessenha** los punts sus lo dat blu per aver 4 **punts** en tot. Se pòt aver daus dats que an pas de punts.

3 **Dessenha** daus punts sus lo dat roge e sus lo dat blu per aver 3 **punts** en tot. Se pòt aver daus dats que an pas de punts.

Escrís.

1

2

3

GUIDE ▶ SESILHA 3 / GUIDE ▶ SESILHA 4	Activitats nonmàs dins lo guide		
ACTIVITATS		COLLECTIU	INDIVIDUAU
Nombres e quantitats	Furet jurcant'a 10	✓	
Revisar	Nombres e quantitats jurcant'a 10	✓	1 a 3
Aprener	Los nombres, memòria de las quantitats	✓	

dilun | dimars | dimecres | dijòus | divendres | dissades | diumenc

Nombres e quantitats jurcant'a 10

1 **Dessenha** tant de ronds coma de dets levats.

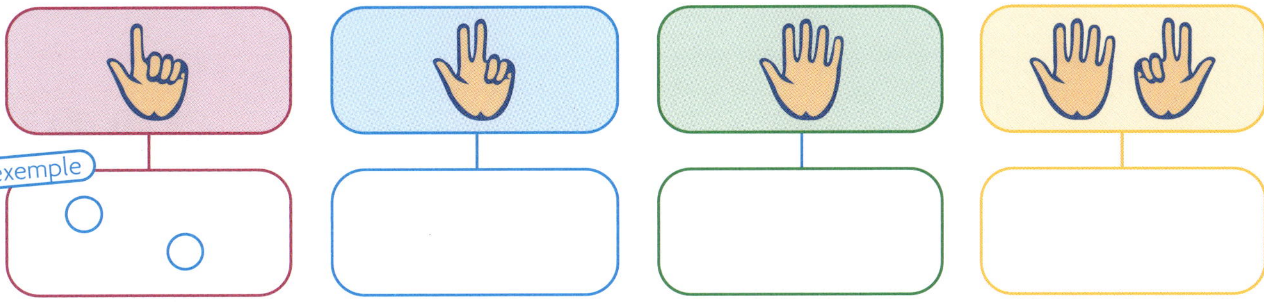

2 **Liga** chasca carta au bon nombre.

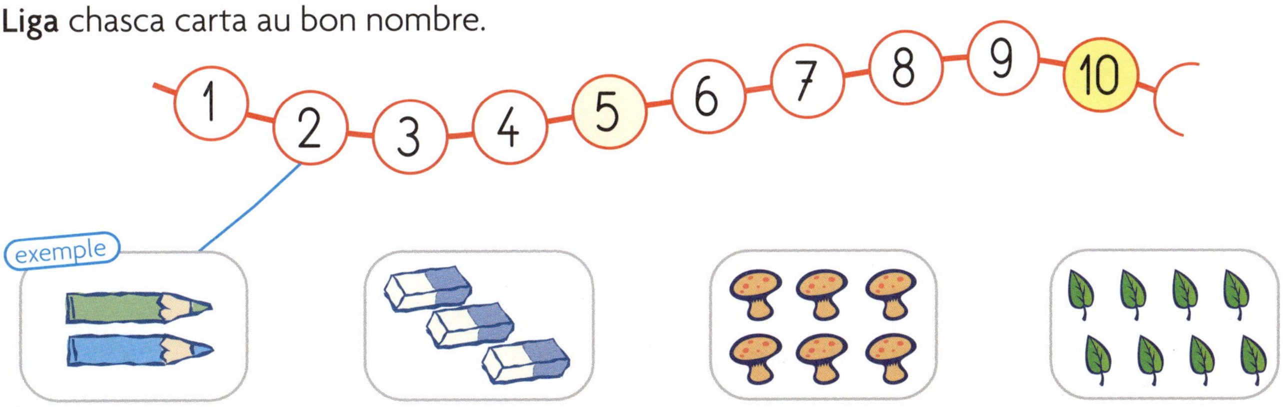

3 **Entora** lo bon nombre.

8 6 7

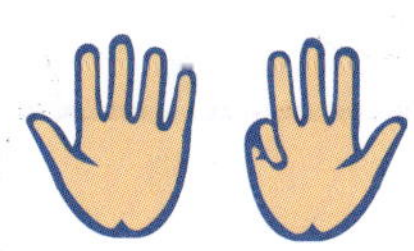

3 9 5

4 5 6

Escrís.

4

5

6

GUIDE ▶ SESILHA 5

ACTIVITATS		COLLECTIU	INDIVIDUAU
Nombres e quantitats	Ajostar 1	✓	
Revisar	Nombres e quantitats jurcant'a 10	✓	1 2
Aprener	Los nombres, memòria de las quantitats	✓	3

diluns	dimars	dimecres	dijòus	divendres	dissades	diumenc

Nombres e quantitats jurcant'a 10

1 **Dessenha** las bilhas que mancan.

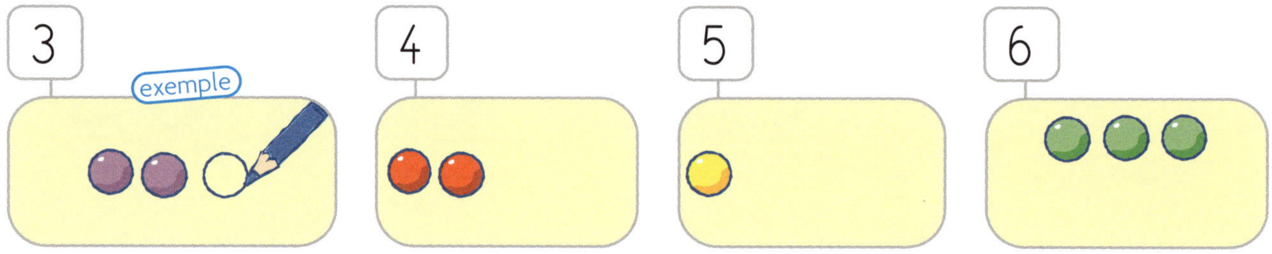

2 **Barra** las gomas que son de tròp.

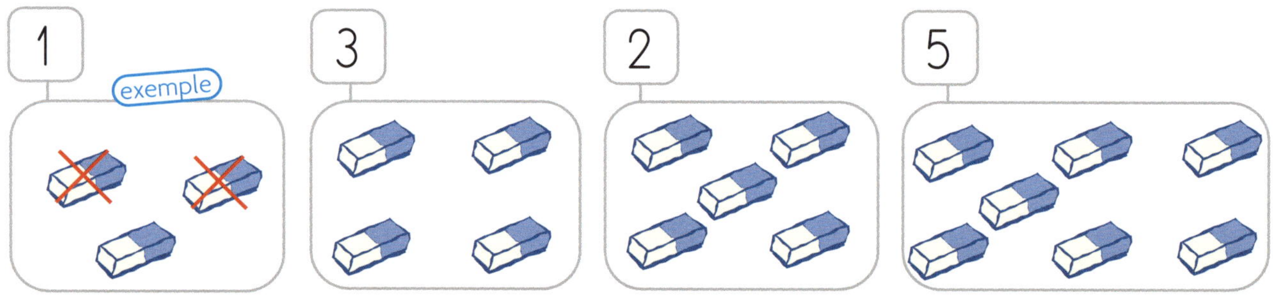

Memòria de las quantitats : los ziglòtrons

3 **Escrís** quantben fau de gometas per completar chasque ziglòtron.

Escrís.

7

8

GUIDE ▶ SESILHA 6			
	ACTIVITATS	COLLECTIU	INDIVIDUAU
Nombres e quantitats	Sostraire 1	✓	
Revisar	Nombres e quantitats jurcant'a 10	✓	1 2
Aprener	Dobles jurcant'a 10	✓	3

diluns	dimars	dimecres	dijuòus	divendres	dissades	diumenc

DE LA GS AU CP

Nombres e quantitats jurcant'a 10

1 **Dessenha** las bilhas que mancan.

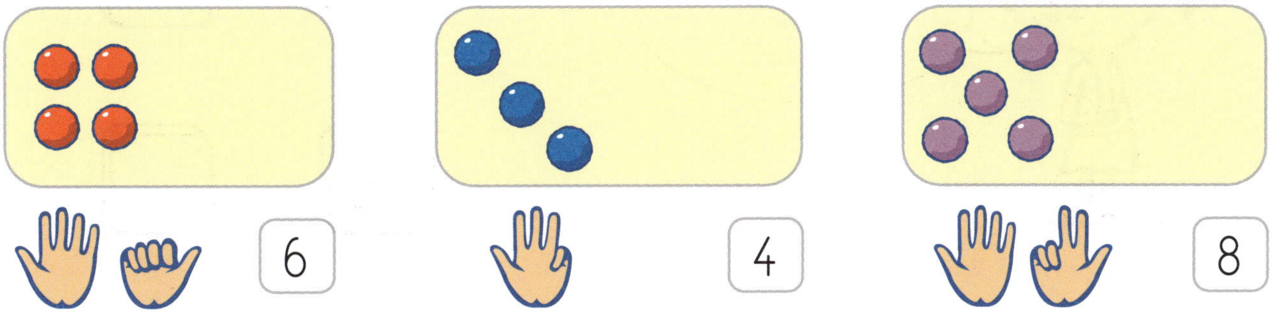

2 **Dessenha** las bilhas que mancan.

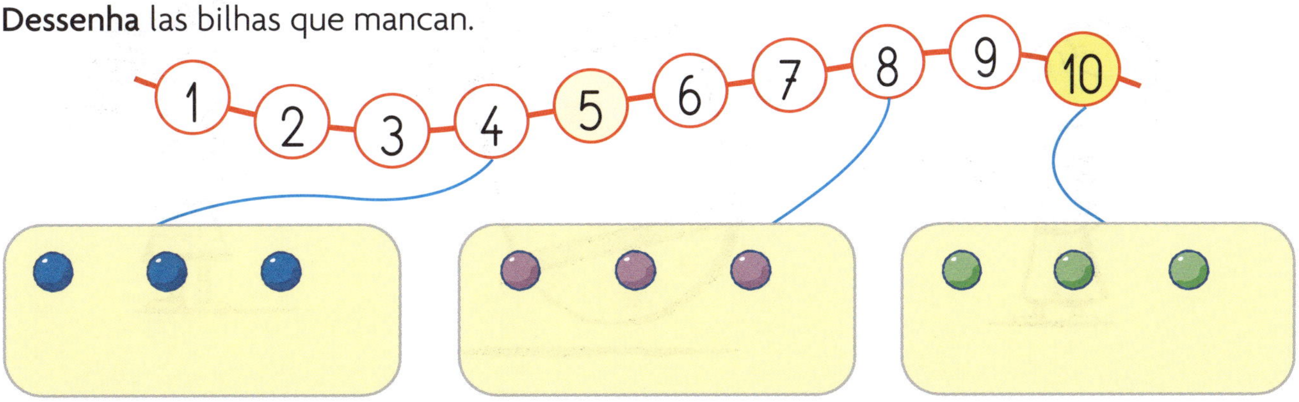

Dobles

3 Zoe e Artus se partatjan 8 gitons. Zoe deu aver tant de gitons coma Artus, pas mai, pas mens. **Dessenha** los gitons dins las casas.

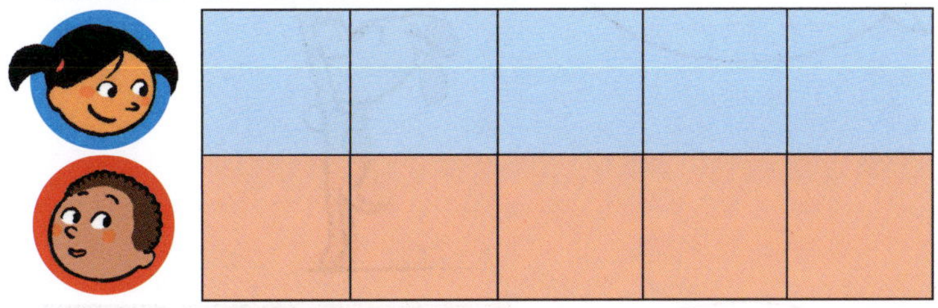

Escrís.

9

0

GUIDE ▶ BILANÇ	PREPARACION	BILANÇ	CONSOLIDACION
Nombres e quantitats		1	1 a 3 p. 14
Completar per aver una quantitat donada	A	2 3	4 a 6 p. 14-15
Los nombres, memòria de las quantitats	B	4	7 8 p. 15
Dobles	C	5	

Apreste lo bilanç

A L'ORAU

A

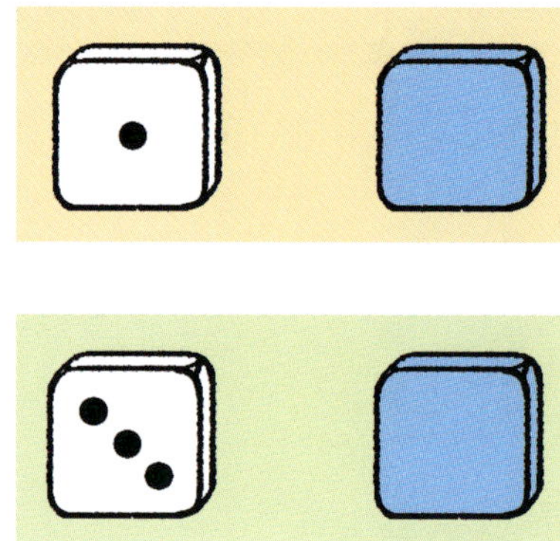

B

C

6 es lo doble de 3.

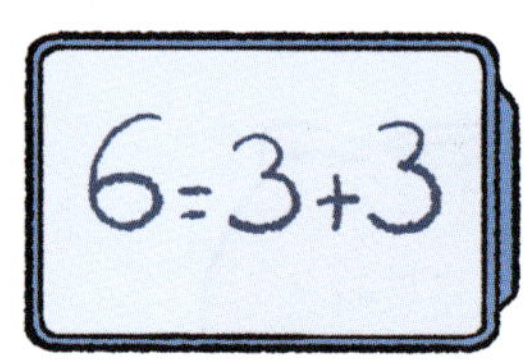

5 es pas un doble.

diluns | dimars | dimecres | dijòus | divendres | dissades | diumenc

Fau lo bilanç

1 **Entora** lo bon nombre.

p. 14 1 a 3

4 5 6

5 6 7

8 9 10

2 **Dessenha** los punts sus lo dat blu per aver 5 **punts** en tot.

p. 14-15 4 a 6

Pòt i aver daus dats sens punt.

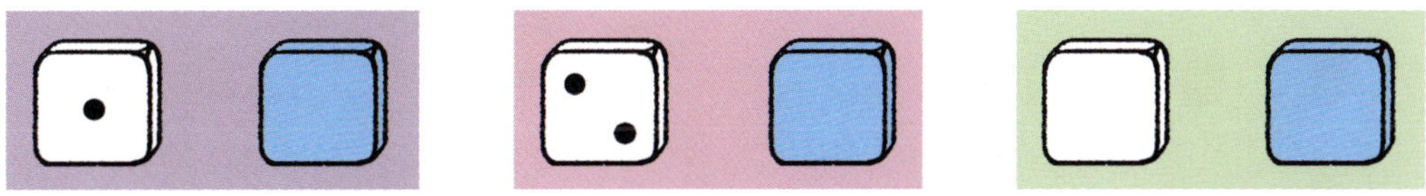

3 **Dessenha** los punts sus los dos dats per aver 4 **punts** en tot.

p. 14-15 4 a 6

Pòt i aver daus dats sens punt.

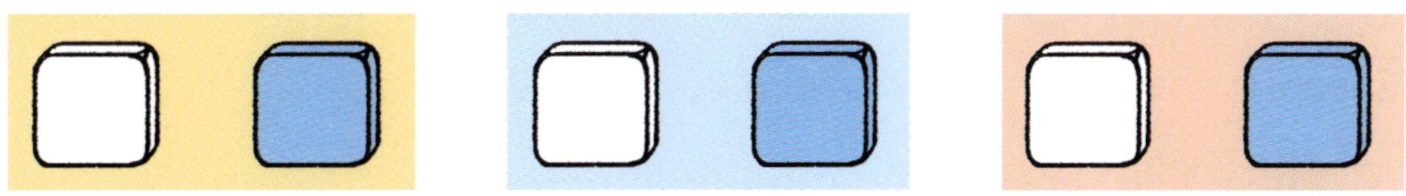

4 Zoe deu completar lo ziglòtron.
Escrís lo nombre de gometas que deu comandar.

p. 15 7 8

5 Zoe e Artus se partatjan 6 gitons. Zoe deu aver tant de gitons coma Artus, pas mai, pas mens. **Dessenha** los gitons dins las casas.

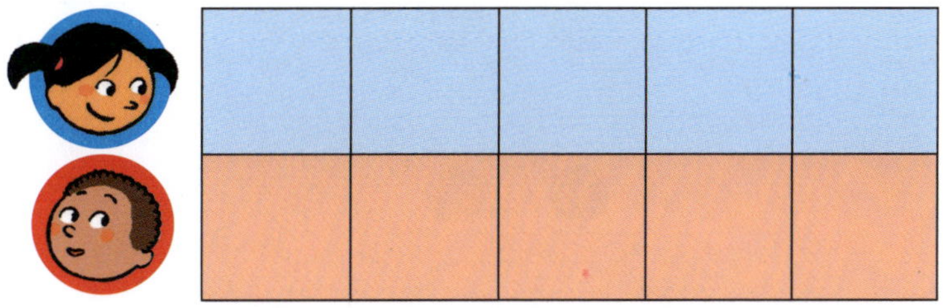

Consolide mas coneissenças

1 **Entora** a chasque còp lo bon nombre de champanhòus.

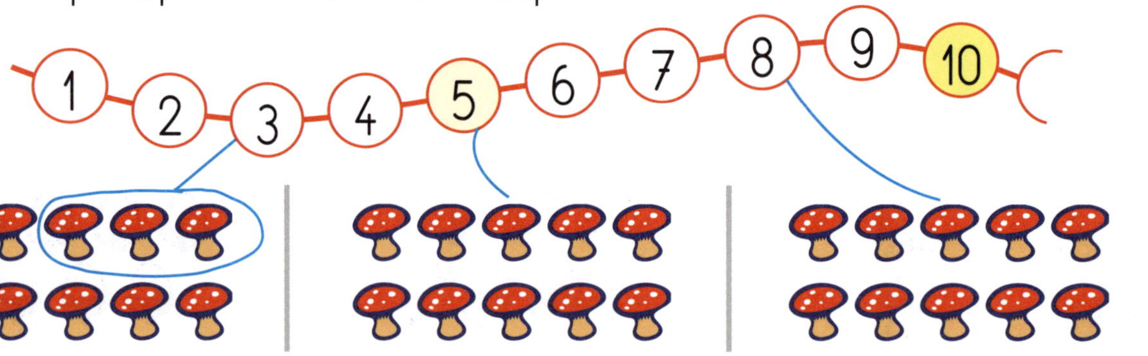

2 **Escrís** lo nombre de fuelhas, de policons e de cireisas.

3 **Entora** a chasque còp lo nombre de dets levats.

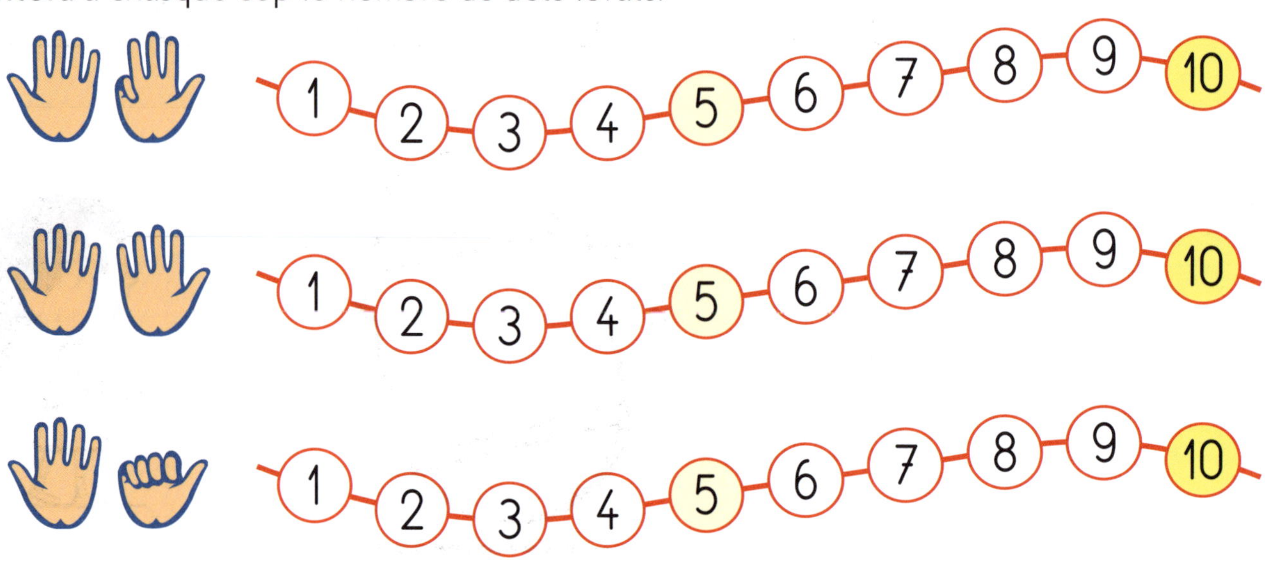

4 **Dessenha** las bilhas que mancan.

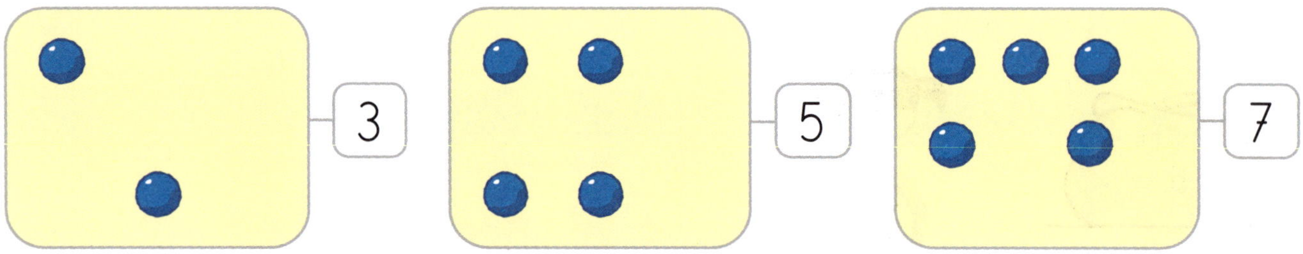

5 **Dessenha** las bilhas que mancan.

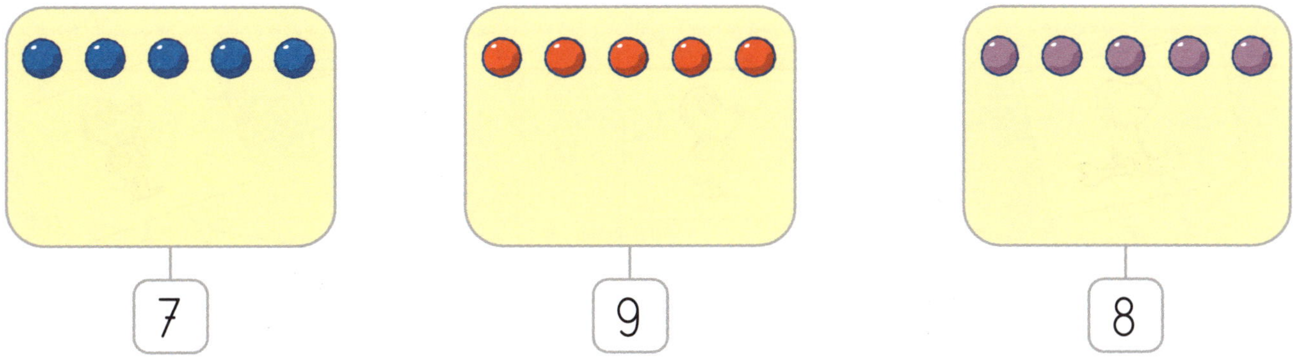

6 **Dessenha** los carrats que mancan.

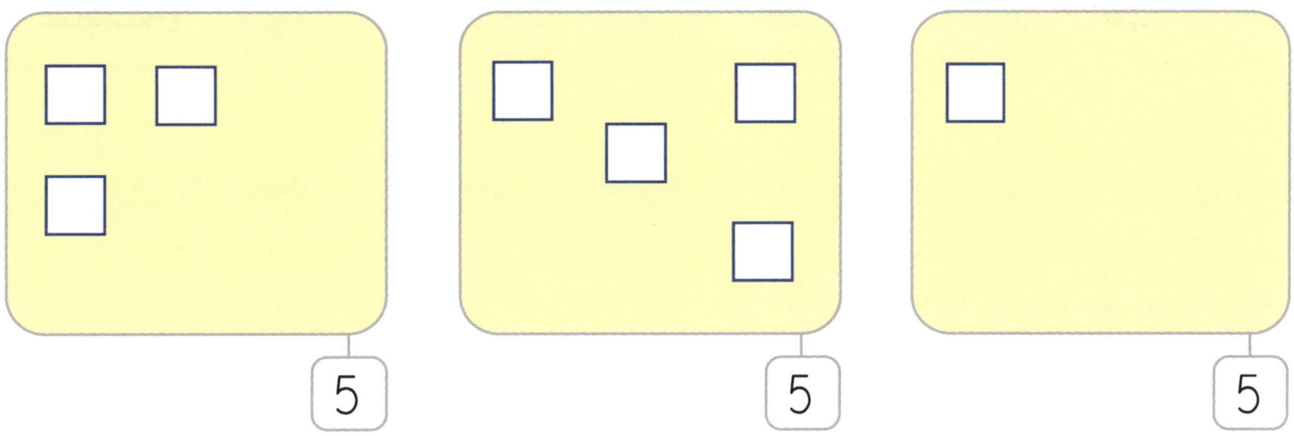

7 **Barra** las comandas que son faussas.

8 **Entora** las gometas que fau balhar per respondre a la comanda.

Las fotòs de Gribolha

1 Completa.

- I a .... fotòs de Gribolha.
- I a .... fotòs de Gribolha emb-d'un òs.
- I a .... fotòs de Gribolha dempès.
- I a .... fotòs de Gribolha coijat.

2 Artus e Zoe vòlen se partatjar las fotòs de Gribolha.
Artus deu aver tant de fotòs coma Zoe, pas mai, pas mens.
Entora en verd las fotòs per Artus e en blu las fotòs per Zoe.

Quantben chascun aurá-t-eu de fotòs ?

- Artus aurá .... fotòs.
- Zoe aurá .... fotòs.

GUIDE ▶ SESILHA 1			
	ACTIVITATS	COLLECTIU	INDIVIDUAU
Calcul mentau	Ajostar, retirar de las pitas quantitats	✓	1
Revisar	Descompausar 5	✓	2
Aprener	Comparar de las quantitats	✓	3 4

dilùns | dimars | dimecres | dijòus | divendres | dissades | diumenc

Calculs dictats

1 ● ____ ■ ____ ★ ____ ☽ ____ ♥ ____

Obtener 5

2 **Dessenha** los punts sus lo dat roge per aver 5 **punts** en tot.
Pòt i aver daus dats sens punt.

Comparar de las quantitats : la batalha

3 **Entora** lo personatge que a la carta emb lo mai de dessenhs.

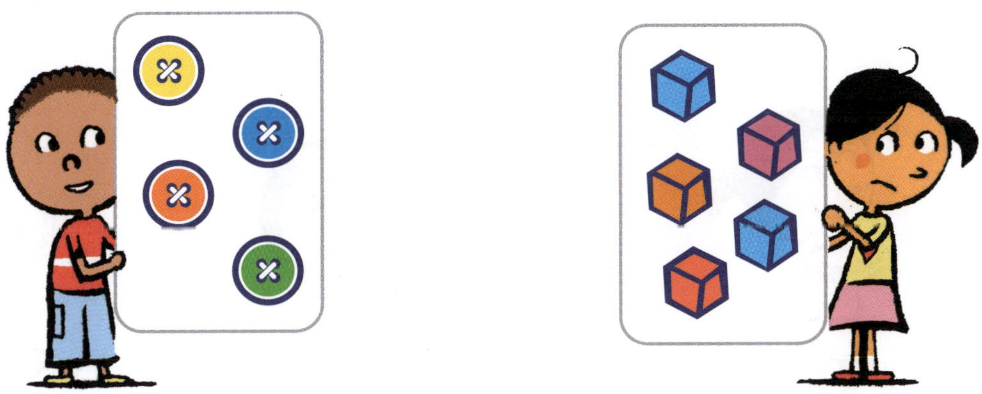

4 **Entora** lo personatge que a la carta emb lo mens de dessenhs.

GUIDE ▶ SESILHA 2			
	ACTIVITATS	COLLECTIU	INDIVIDUAU
Calcul mentau	Ajostar, retirar de las pitas quantitats	✓	1
Revisar	Nombres e quantitats jurcant'a 10	✓	2
Aprener	Comparar de las quantitats e daus nombres	✓	3 4

dilhuns	dimars	dimecres	dijòus	divendres	dissades	diumenc

Calculs dictats

1 ● ____ ■ ____ ★ ____ ☽ ____ ♥ ____

Nombres e quantitats jurcant'a 10

2 **Entora** lo bon nombre.

5 6 7

8 9 10

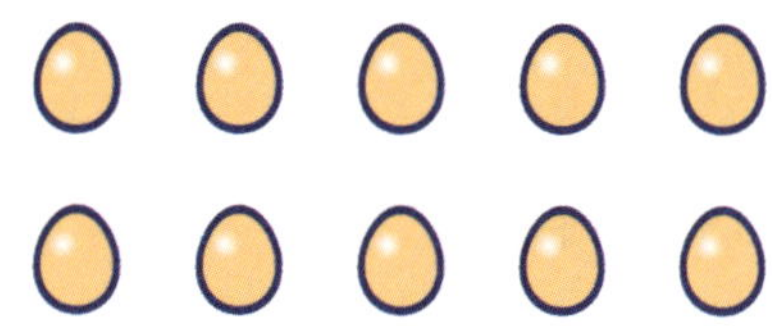

7 8 9 10

Comparar de las quantitats e daus nombres

3 **Entora** lo personatge que a la carta emb lo mai de dessenhs.

4 **Entora** lo mai grand daus dos nombres.

3 1   2 4   8 2

7 5   6 8   5 9

GUIDE ▶ SESILHA 3			
	ACTIVITATS	COLLECTIU	INDIVIDUAU
Calcul mentau	Ajostar, retirar per aver 5	✓	1
Revisar	Nombres e quantitats jurcant'a 10	✓	2
Aprener	Ajostadís e complements	✓	3 4

dilun	dimars	dimecres	dijòus	divendres	dissabtes	diumenc

Calculs dictats

1 ● ■ ★

Nombres e quantitats jurcant'a 10

2 **Entora** lo bon nombre.

3 4 5

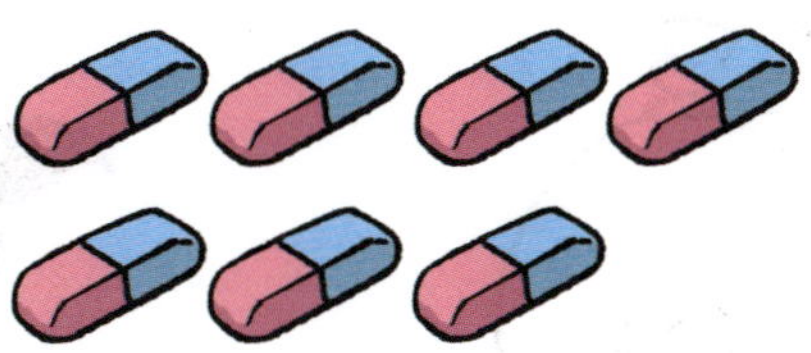

5 6 7

7 8 9 10

Ajostadís e complements

3 Artus e Zoe començan una partida dau juec «dietz dins la bóitia».
Entora lo nombre de gitons que i aurá dins la bóitia quante Zoe aurá botat son giton.

3 4 5

4 Artus e Zoe començan una novela partida. **Escrís sus l'ardesa** quantben i aurá de gitons dins la bóitia quante Zoe aurá botat sos gitons.

GUIDE ▶ SESILHA 4			
	ACTIVITATS	COLLECTIU	INDIVIDUAU
Calcul mentau	Completar per aver 10	✓	1
Revisar	Completar per aver la bona quantitat		2 3
Aprener	Ajostadís e complements	✓	4

diluns	dimars	dimecres	dijòus	divendres	dissabtes	diumenc

Calculs dictats

1 ● .... ■ .... ★ ....

Completar una quantitat

2 Fau 5 gitons dins chasque sac. **Escrís** quantben ne'n manca ?

....

....

....

3 Fau 7 gitons dins chasque sac. **Escrís** quantben ne'n manca ?

....

....

....

Ajostadís e complements

4 A la fin de chasque juec, i a t-eu exactament 10 gitons dins la bóitia ?
Entora la bona responsa.

JUEC 1 3 + 2 + 1 + 2 + 1

òc non

JUEC 2 2 + 2 + 2 + 2 + 2

òc non

GUIDE ▶ SESILHA 5			
	ACTIVITATS	COLLECTIU	INDIVIDUAU
Calcul mentau	Completar a 5 o 10	✓	1
Revisar	Completar per aver la bona quantitat		2
Aprener	Ajostadís e complements	✓	3 4

diluns dimars dimecres dijòus divendres dissades diumenc

Calculs dictats

1 ● ▢ ■ ▢ ★ ▢

Completar una quantitat

2 Gribolha aviá cachat 8 òs. Ne'n a desjà trobat 5.
Escrís quantben d'òs son enquera cachats.

……

Ajostadís e complements

3 A la fin de chasque juec, i a t-eu exactament 10 gitons dins la bóitia ?
Entora la bona responsa.

JUEC 1 1 + 2 + 3 + 1 + 2 + 2 òc non

JUEC 2 3 + 2 + 3 + 2 òc non

4 **Escrís** lo nombre de gitons que lo darrier jugaire deu botar per obtener 10.

JUEC 3 2 + 3 + 3 + ……….

JUEC 4 1 + 1 + 1 + 2 + 2 + 2 + ……….

JUEC 5 2 + 2 + 2 + 2 + ……….

GUIDE ▶ SESILHA 8			
	ACTIVITATS	COLLECTIU	INDIVIDUAU
Comptina orala	Jurcant'a 16	✓	
Revisar	Completar per aver la bona quantitat		1
Aprener	Descompausar de las quantitats emb 1 e 2	✓	2 3

dilunsdimarsdimecresdijòusdivendresdissadesdiumenc

dilus	dimars	dimecres	dijòus	divendres	dissades	diumenc

Completar una quantitat

1 Per chasca flor, **escrís** quantben de petales son cachats per la servieta de papier.

Quela flor a 6 petales.

......

Quela flor a 10 petales.

......

Descompausar de las quantitats

2 **Entora** las cartas que fau prener per aver exactament 10 cireisas.

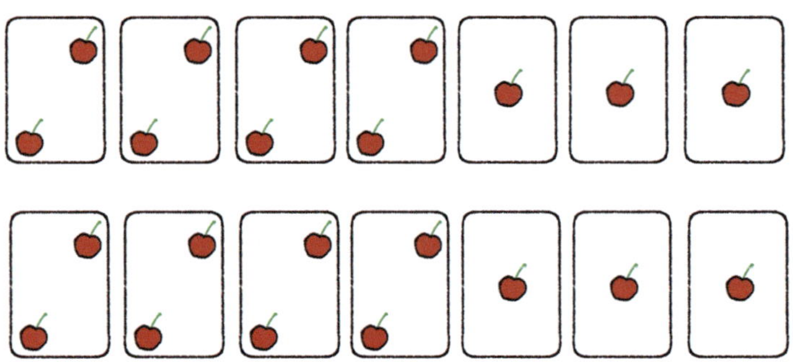

3 Quò es lo mesme exercici.
Tròba una novela solucion.

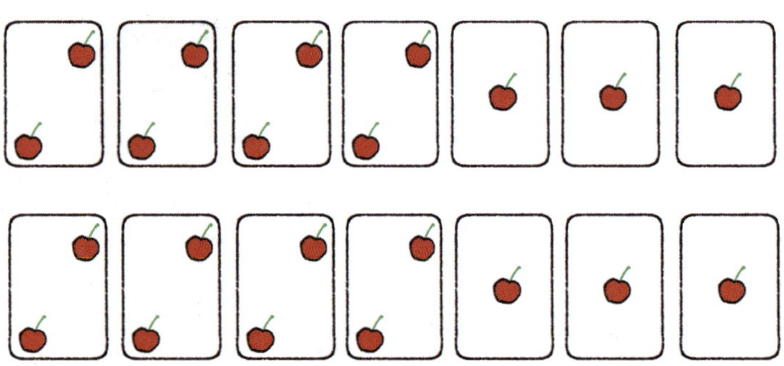

GUIDE ▶ SESILHA 9			
	ACTIVITATS	COLLECTIU	INDIVIDUAU
Comptina orala	Jurcant'a 16	✓	
Revisar	Completar per aver la bona quantitat		1
Aprener	Descompausar de las quantitats emb 1 e 2	✓	2 3

diluns	dimars	dimecres	dijòus	divendres	dissades	diumenc

Completar una quantitat

1 Artus e Zoe juegan a «Ne'n fau uech». Artus bòta los imatges sus una linha e Zoe deu dire quantben ne'n manca per ne'n aver exactament 8.
Escrís a chasque còp lo nombre que Zoe deu dire.

Descompausar de las quantitats

2 **Entora** las cartas que fau prener per aver exactament 10 cireisas.

3 Quò es lo mesme exercici. **Tròba** una novela solucion.

GUIDE ▶ BILANÇ	PREPARACION	BILANÇ	CONSOLIDACION
Calcul mentau		1	1 p. 25
Comparason de quantitats e de nombres	A	2 3	2 a 4 p. 25
Ajostadís e complements	B	4 5	5 a 7 p. 26
Descompausicion de quantitats	C	6	8 9 p. 26

Apreste lo bilanç

A L'ORAU

A

B

C

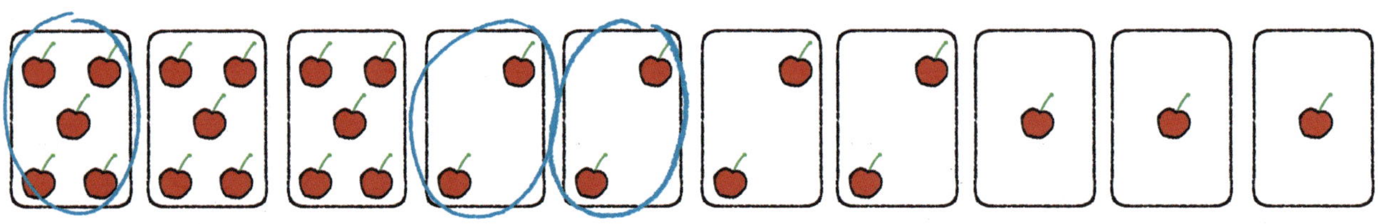

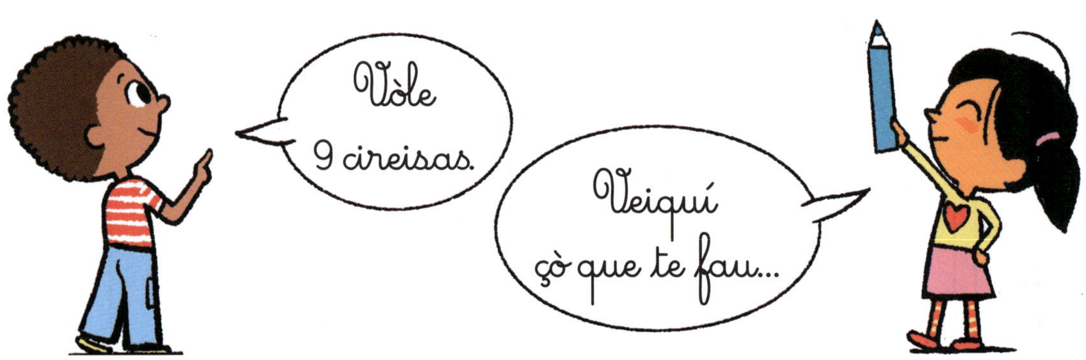

Fau lo bilanç

1 **Escrís** las responsas.

● .... ■ .... ★ .... ☽ .... ♥ ....

p. 26 1

2 **Entora** la flor que a lo mai de petales.

p. 26 2 a 4

3 **Entora** lo mai pitit daus dos nombres.

2 5   6 8   5 9   8 6

p. 26 2 a 4

4 A la fin de chasque juec, i a-t-eu exactament 10 gitons dins la bóitia ?
Entora la bona responsa.

JUEC 1   3 + 3 + 3 + 3   òc   non

JUEC 2   2 + 1 + 3 + 1 + 2 + 1   òc   non

p. 27 5 a 7

5 **Escrís** lo nombre de gitons que lo darrier jugaire deu botar per obtener 10.

JUEC 3   3 + 3 + 3 + ...

JUEC 4   1 + 3 + 2 + 1 + ...

p. 27 5 a 7

6 **Entora** las cartas que fau prener per aver exactament 8 cireisas.

p. 27 8 9

Consolide mas coneissenças

1 Artus e Zoe bòtan daus sacs de gitons dins una bóitia.
Escrís quantben i aurá de gitons dins la bóitia.

2 **Entora** lo personatge qu'a la carta emb lo mens de dessenhs.

3 ★ **Entora** lo mai grand daus tres nombres.

4	3	6

4	9	7

6	9	8

2	7	10

4 ★ **Escrís** los nombres dau mai pitit au mai grand.

....

↑
Lo mai pitit aquí

1 9 10 7 3

5 A la fin de chasque juec, i a-t-eu exactament 10 gitons dins la bóitia?
Entora la bona responsa.

JUEC 1 1 + 2 + 2 + 3 + 2 òc non

JUEC 2 2 + 1 + 3 + 1 + 2 òc non

6 **Escrís** lo nombre de gitons que lo darrier jugaire deu botar per obtener 10.

JUEC 3 2 + 2 + 2 + 1 + ...

JUEC 4 1 + 3 + 2 + 1 + 1 + ...

7 Per chasca 'sieta, **escrís** quantben de maussas son cachadas per la servieta de papier.

Dins quela 'sieta, i a 10 maussas.

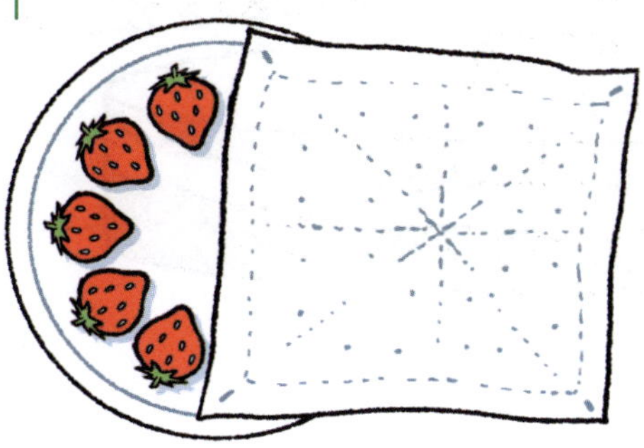

....

Dins quela 'sieta, i a 8 maussas.

....

8 **Entora** daus dats per obtener 5. Tròba doas solucions diferentas.

1ra solucion

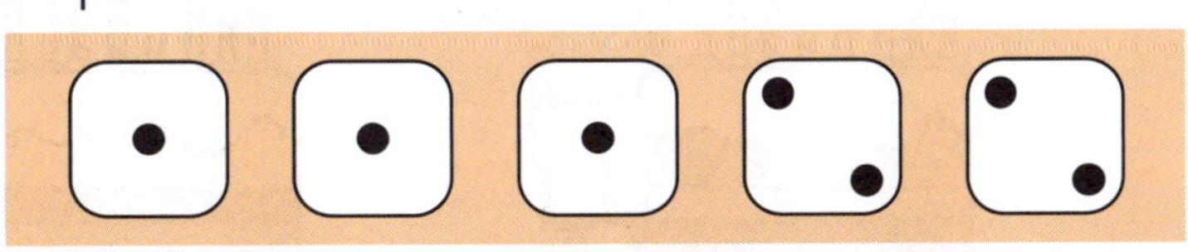

2da solucion

9 ★ **Entora** daus dats per obtener 9. Tròba doas solucions diferentas.

1ra solucion

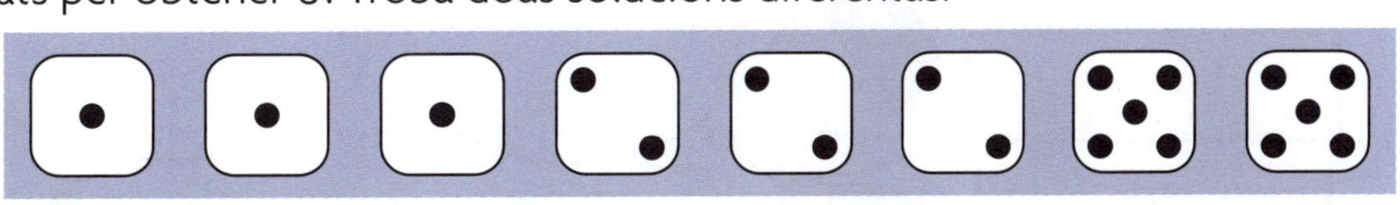

2da solucion

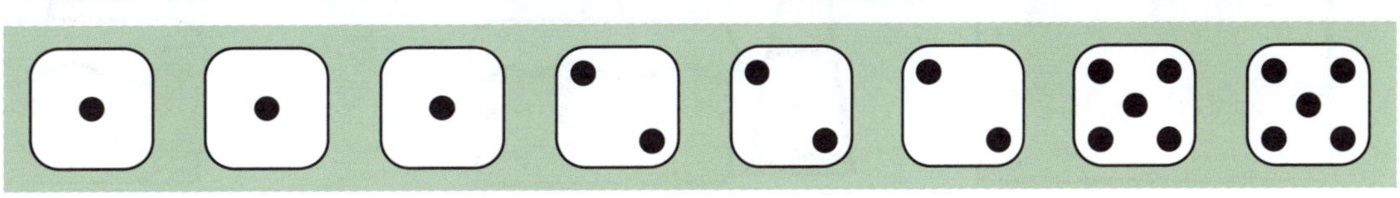

Las chandelas d'anniversari

1 Quau es l'atge de Lola ? *Lola a .... ans.*

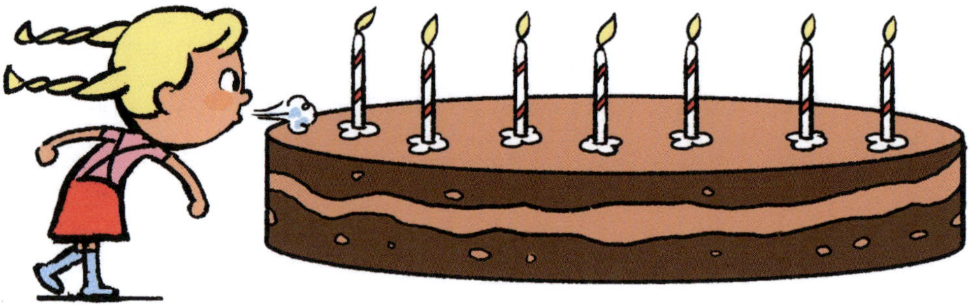

2 Quantben fau enquera botar de chandelas sus lo gasteu ? *Fau enquera .... chandelas.*

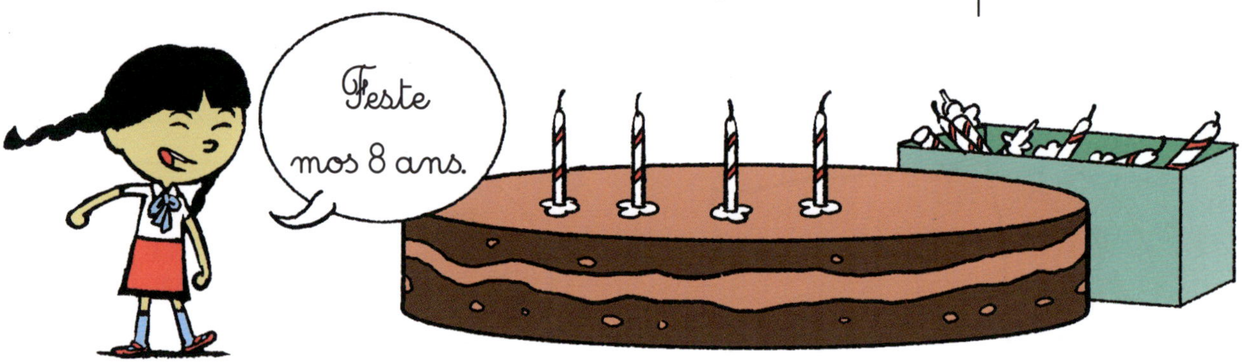

3 Entora lo dròlle lo mai vielh.

4 ★ I a-t-eu pro de chandelas dins la bóitia per los dos dròlles ?
Entora la bona responsa. *òc* *non*

Data : ....

GUIDE ▶ SESILHA 1 Activitats nonmàs dins lo guide
GUIDE ▶ SESILHA 2

ACTIVITATS		COLLECTIU	INDIVIDUAU
Calcul mentau	Ajostar, sostraire daus pitits nombres	✓	
Revisar	Descompausar un nombre emb 1, 2 e 5	✓	1 2
Aprener	Associar nombres e rengs	✓	3 4

Descompausar un nombre emb 1, 2, 5

1 **Entora** los dats que fau per aver 7 punts.

2 **Entora** los gitons que fau per aver 8 punts.

Nombres e rengs

3 **Escrís** un nombre que permet de dire sus quala nicha es Gribolha.

4 **Colòria** la nicha ente se cacha Gribolha.

Quantben i a-t-eu de nichas davant la de Gribolha ? ....

Data : ______________________

GUIDE ▶ SESILHA 3			
	ACTIVITATS	COLLECTIU	INDIVIDUAU
Nombres dictats	Jurcant'a 10	✓	1
Revisar	Comparar daus nombres jurcant'a 16	✓	2 3
Aprener	Repertòri aditiu, signes + e -	✓	4

Nombres dictats

1 **Tròba** lo nombre dictat e **dessenha** lo signe damandat.

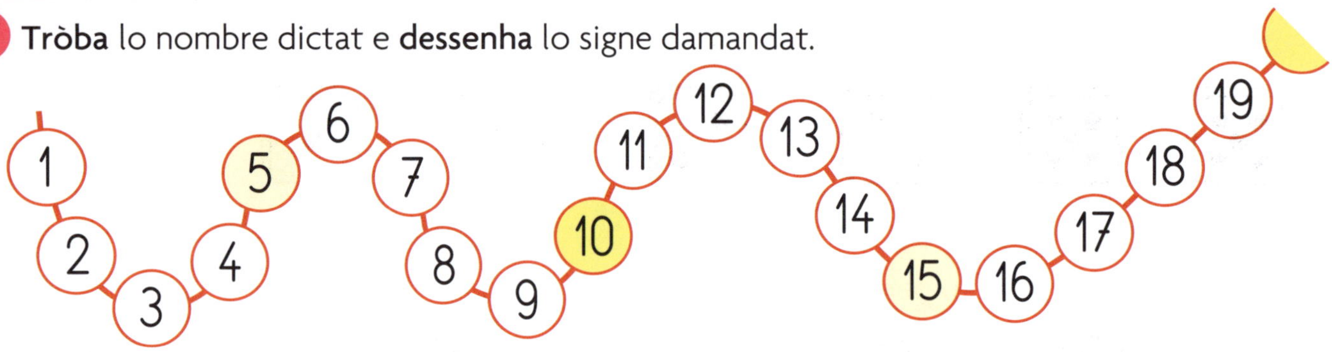

Comparason de nombres

2 **Entora** a chasque còp lo mai pitit daus dos nombres.

8 | 12   15 | 10   9 | 11   16 | 14   11 | 13

3 **Escrís** los nombres dau mai pitit au mai grand.

....

↑ Lo mai pitit aquí

12   9   15   13

Signes +, – e =

4 **Completa** las adicions e las sostraccions.
Entora los resultats que coneisses per còr.

1 + 1 = ...
2 + 0 = ...
3 – 1 = ...
3 – 2 = ...
1 + 2 = ...
4 + 1 = ...

1 – 1 = ...
5 – 2 = ...
3 + 1 = ...
2 + 3 = ...
4 – 1 = ...
4 – 4 = ...

Data : ____________________

GUIDE ▶ SESILHA 4			
	ACTIVITATS	COLLECTIU	INDIVIDUAU
Nombres dictats	Jurcant'a 10	✓	1
Revisar	Comparar daus nombres jurcant'a 16	✓	2 3
Aprener	Repertòri aditiu, signes + e -	✓	4 5

Nombres dictats

1 **Tròba** lo nombre dictat e **dessenha** lo signe damandat.

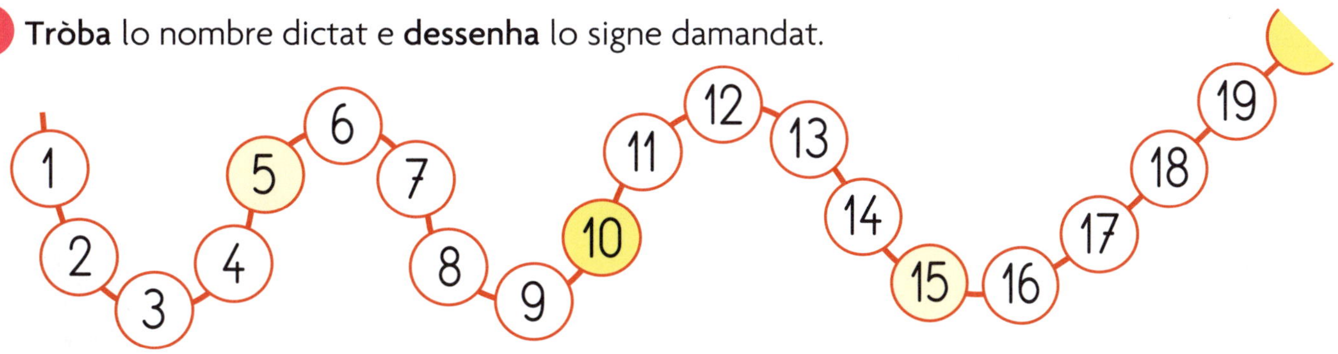

Comparason de nombres

2 **Entora** a chasque còp lo mai pitit daus dos nombres.

16 12 | 15 14 | 11 6 | 5 15 | 10 12

3 **Escrís** los nombres dau mai pitit au mai grand.

13 9 7 16

...... | ...... | 10 | ...... | ......

Lo mai pitit aquí

Signes +, − e =

4 **Completa** las adicions e las sostraccions.
Entora los resultats que coneisses per còr.

$2 + 1 =$	$2 + 2 =$	$1 + 3 =$ ....
$5 + 5 =$	$4 - 2 =$	$2 + 5 =$ ....
$2 - 1 =$	$3 + 3 =$	$5 - 3 =$ ....

5 **Completa** de mai d'un biais.

$4 =$ .... $+$	$2 =$ .... $-$ ....
$4 =$ .... $+$	$2 =$ .... $-$ ....

Data :

GUIDE ▶ SESILHA 5			
	ACTIVITATS	COLLECTIU	INDIVIDUAU
Comptina orala	Jurcant'a 19	✓	
Revisar	Seguida escricha daus nombres jurcant'a 19	✓	1
Aprener	Devers la diesena (nombres de 11 a 19)	✓	2 3

Seguida escricha daus nombres jurcant'a 19

1 **Escrís** los nombres que mancan.

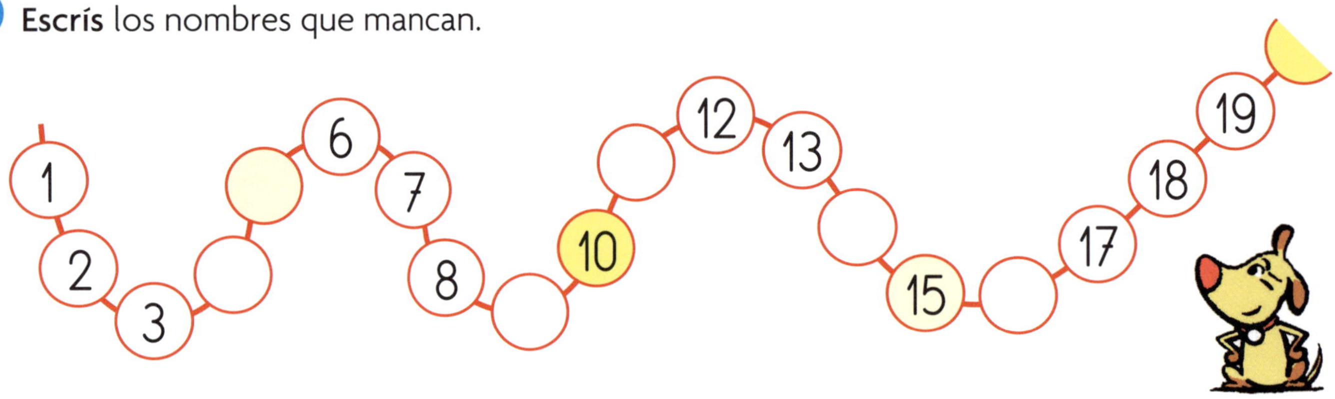

Devers la diesena

2 **Liga** chasca carta au nombre que li correspond.

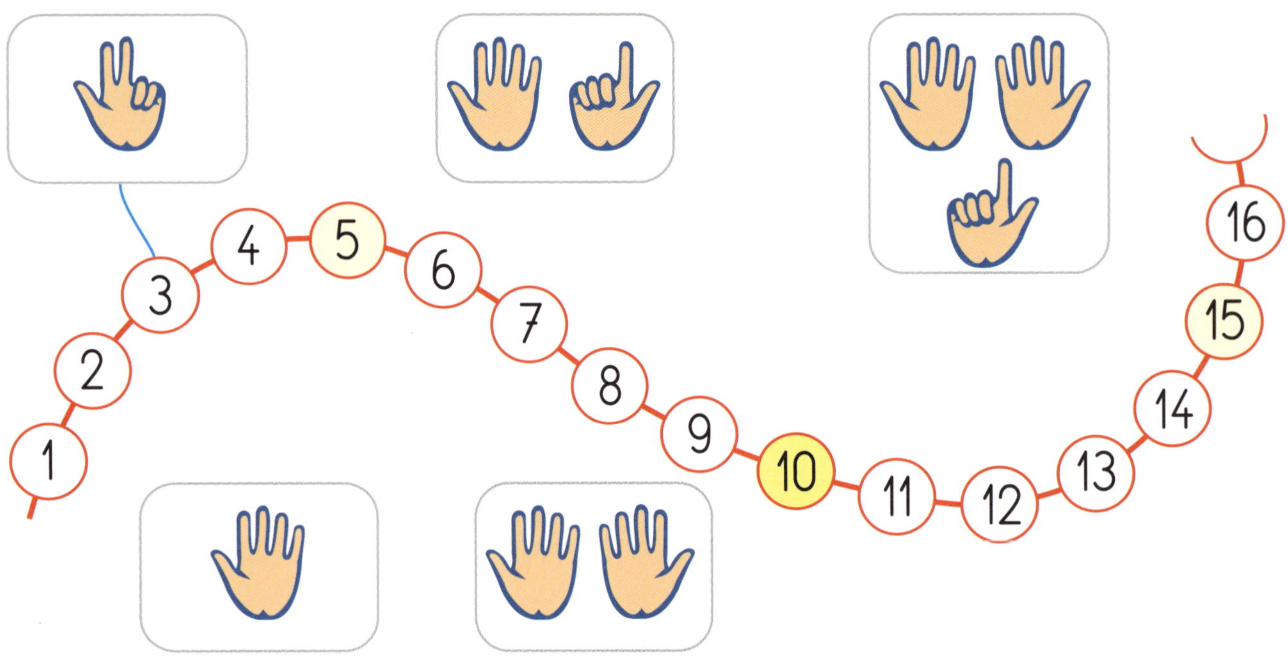

3 **Escrís** lo nombre de dets levats.

Data : ....

GUIDE ▶ SESILHA 6			
	ACTIVITATS	COLLECTIU	INDIVIDUAU
Comptina orala	Jurcant'a 19	✓	
Revisar	Seguida escricha daus nombres jurcant'a 19	✓	1 2
Aprener	Devers la diesena (nombres de 11 a 19)	✓	3 4

Seguida escricha daus nombres jurcant'a 19

1 **Escrís** los nombres que mancan.

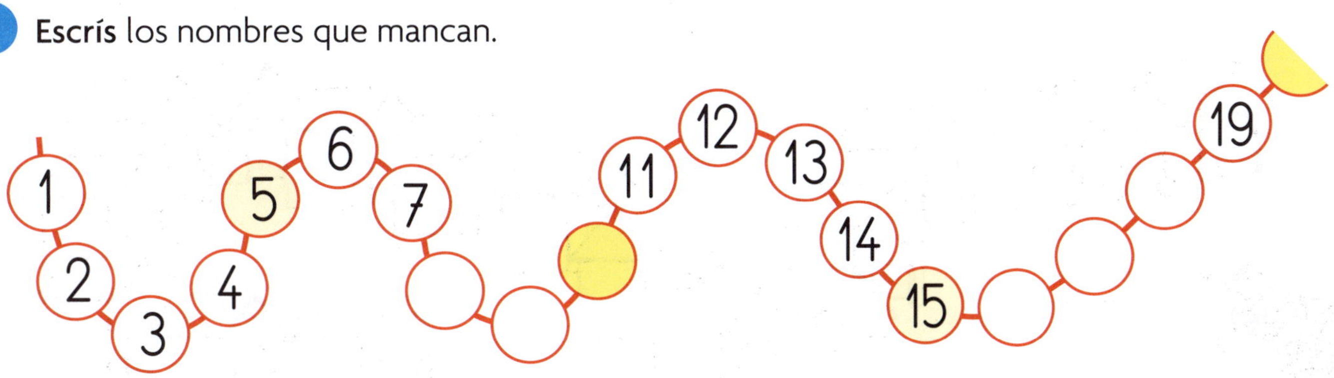

2 **Escrís** a chasque còp lo nombre qu'es davant e lo qu'es aprep.

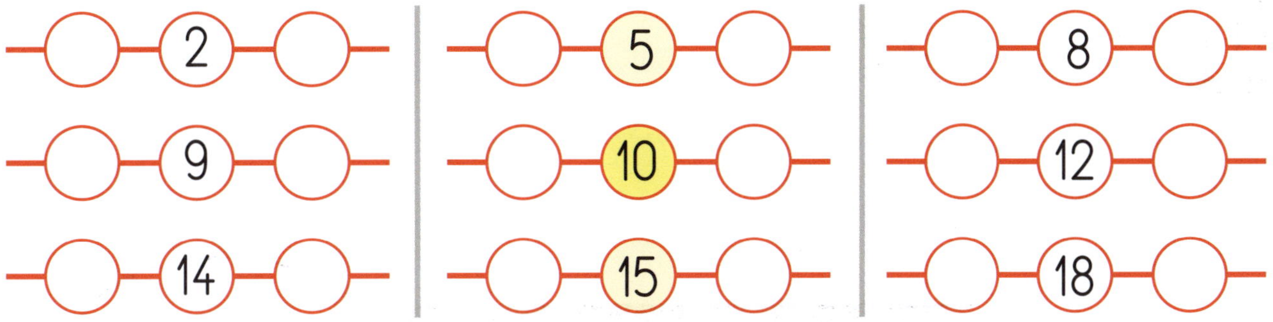

Devers la diesena

3 **Escrís** lo nombre de punts.

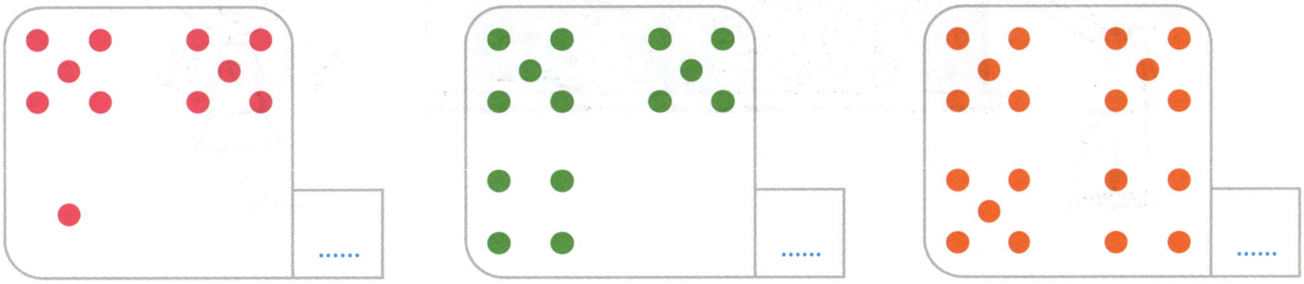

4 **Dessenha** los punts que mancan.

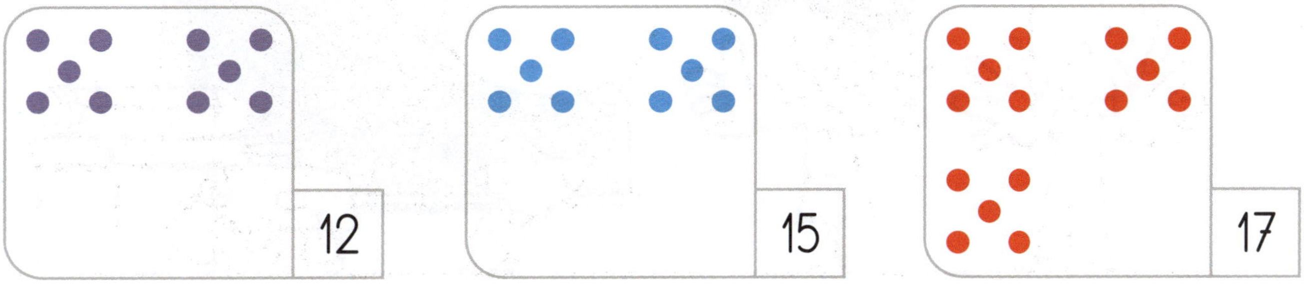

GUIDE ► BILANÇ	PREPARACION	BILANÇ	CONSOLIDACION
Ajostadís, retrait de pitits nombres		1	1 2 p. 36
Nombres e rengs	A	2 3	3 p. 36
Signes + e -	B	4 5	4 5 p. 36
Devers la diesena (jurcant'a 19)	C	6 7	6 a 9 p. 36

Apreste lo bilanç

A L'ORAU

A

B

5 + 2 = ?

C

Data :

Fau lo bilanç

1 **Escrís** las responsas.

● ■ ★ ☽ ♥ ▲

p. 36 1 2

2 **Dessenha** un □ sus la tresesma carta e un ○ sus la diesesma carta.

1

p. 36 3

3 **Entora** lo correire que es lo ueitesme.

Quantben de correires sont davant eu ? ....

p. 36 3

4 **Completa.**

1 + 1 = ...	3 + 2 = ...	3 – 1 = ...	5 – 2 = ...
1 + 5 = ...	5 + 5 = ...	3 – 3 = ...	6 – 5 = ...

p. 36 4 5

5 **Completa.**

...... + ... = 5	...... + ... = 5	...... – ...... = 1	...... – ...... = 1

p. 36 4 5

6 **Escrís** lo nombre de punts.

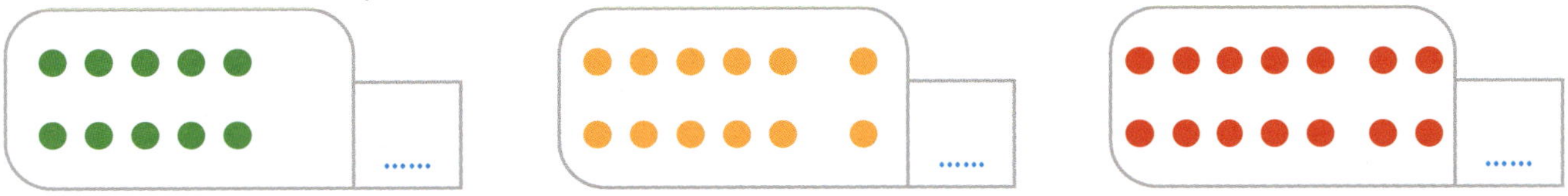

p. 37 6 a 9

7 **Dessenha** los punts que mancan.

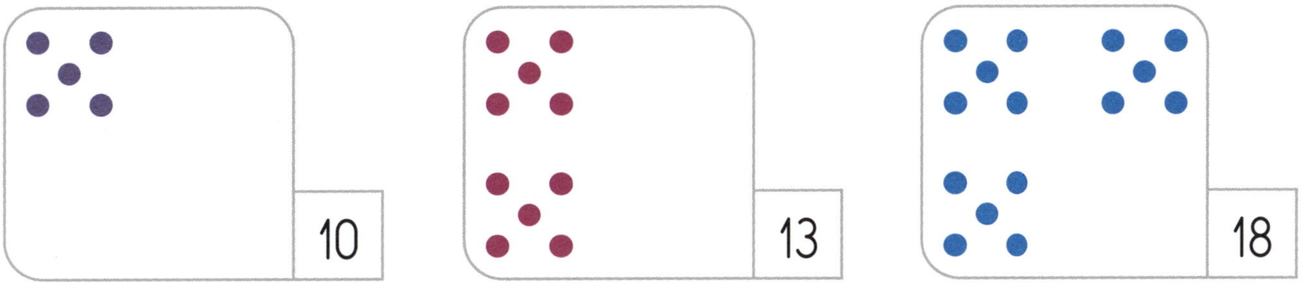

p. 37 6 a 9

Consolide mas coneissenças

1 **Escrís** quilhs nombres a lor plaça sus la fila. 8 13 16 14 11 17

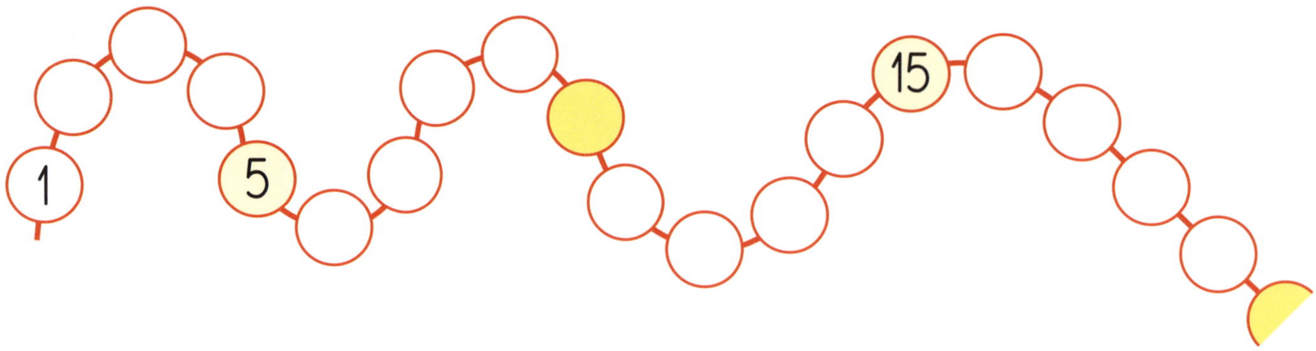

2 **Escrís** los nombres dins las casas marcadas d'una pica.

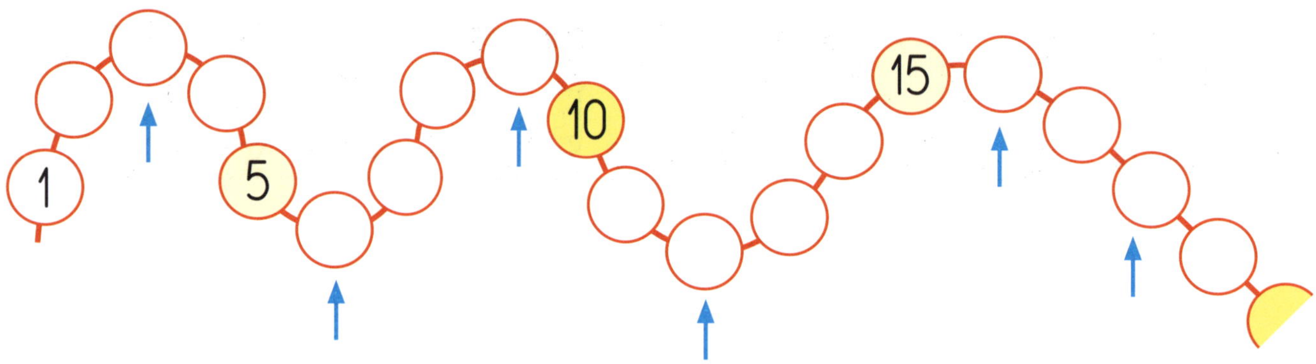

3 Artus es montat sus lo vagon numerò 5. **Entora** queu vagon.

Escrís lo numerò dau vagon de Gribolha. ......

4 **Completa.**

3 + 1 = ...	5 + 1 = ...	5 + 2 = ...	2 + 2 = ...	6 + 1 = ...
3 + 3 = ...	4 + 2 = ...	5 + 5 = ...	4 + 4 = ...	9 + 1 = ...

5 **Completa.**

3 – 1 = ...	5 – 1 = ...	5 – 2 = ...	2 – 2 = ...	6 – 1 = ...
3 – 3 = ...	4 – 2 = ...	5 – 5 = ...	4 – 4 = ...	9 – 1 = ...

6 **Liga** chasca carta au bon nombre de la fila.

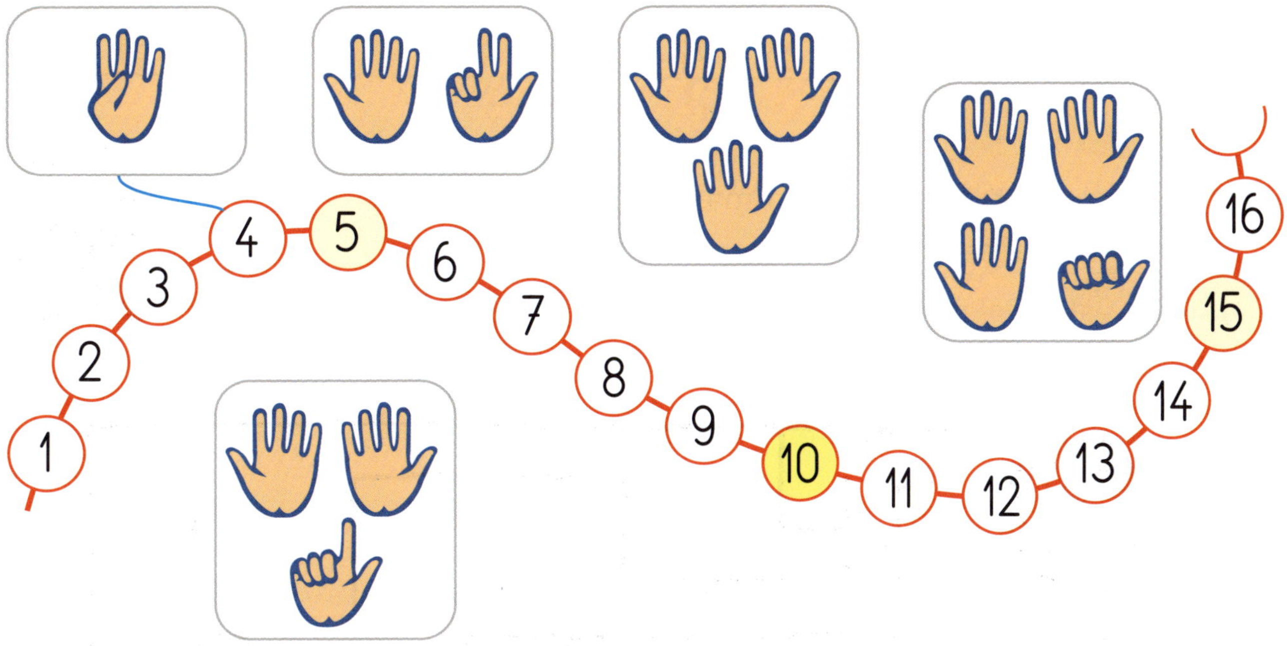

7 **Escrís** quantben i a de bilhas dins chasque quadre.

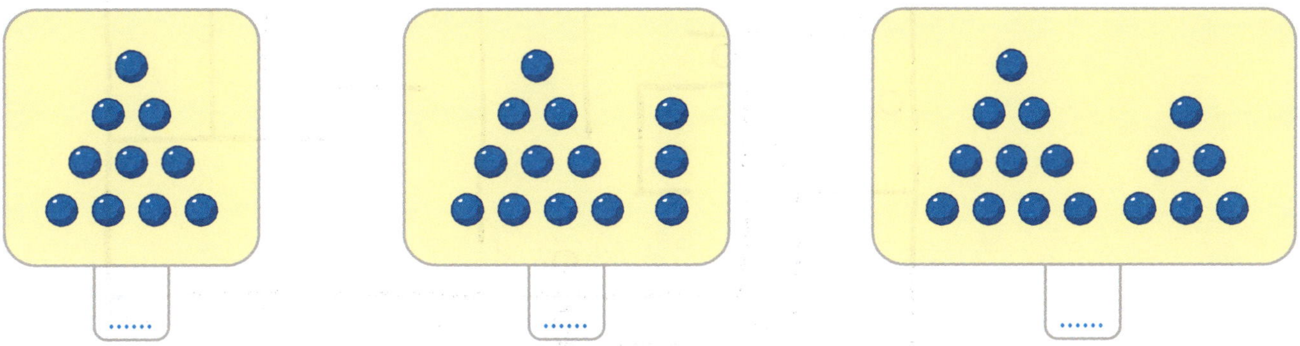

8 **Completa** per aver lo bon nombre de punts.

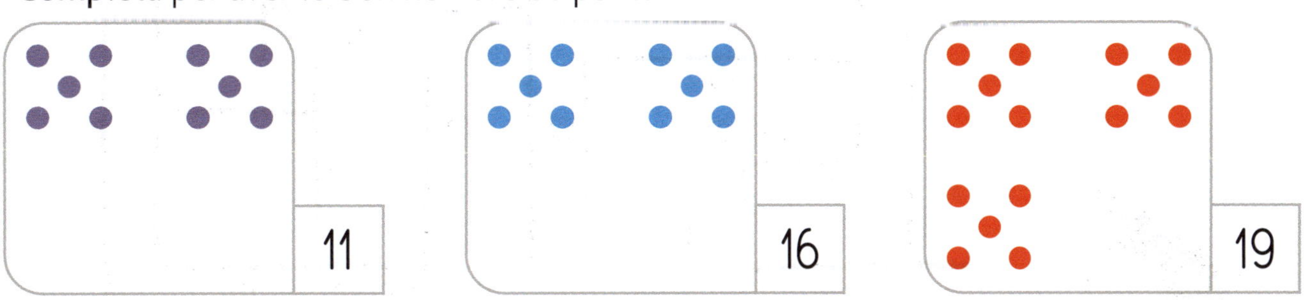

9 **Barra** los punts que son de tròp.

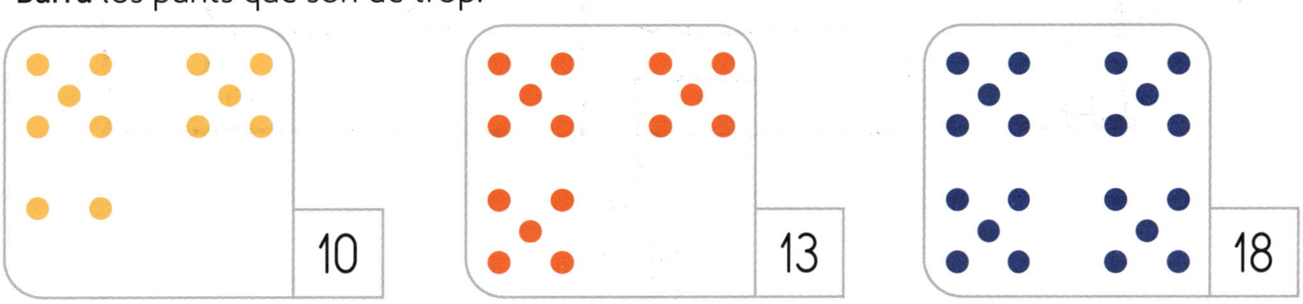

Juega coma Gribolha

Lo laberinte

Artus deu 'ribar au balon roge en 'massar 10 bilhas blúias.
Zoe deu 'ribar au balon roge en 'massar 6 bilhas blúias.
Gribolha deu 'ribar au balon roge en 'massar 5 bilhas blúias.
Traça lo chamin de chascun.

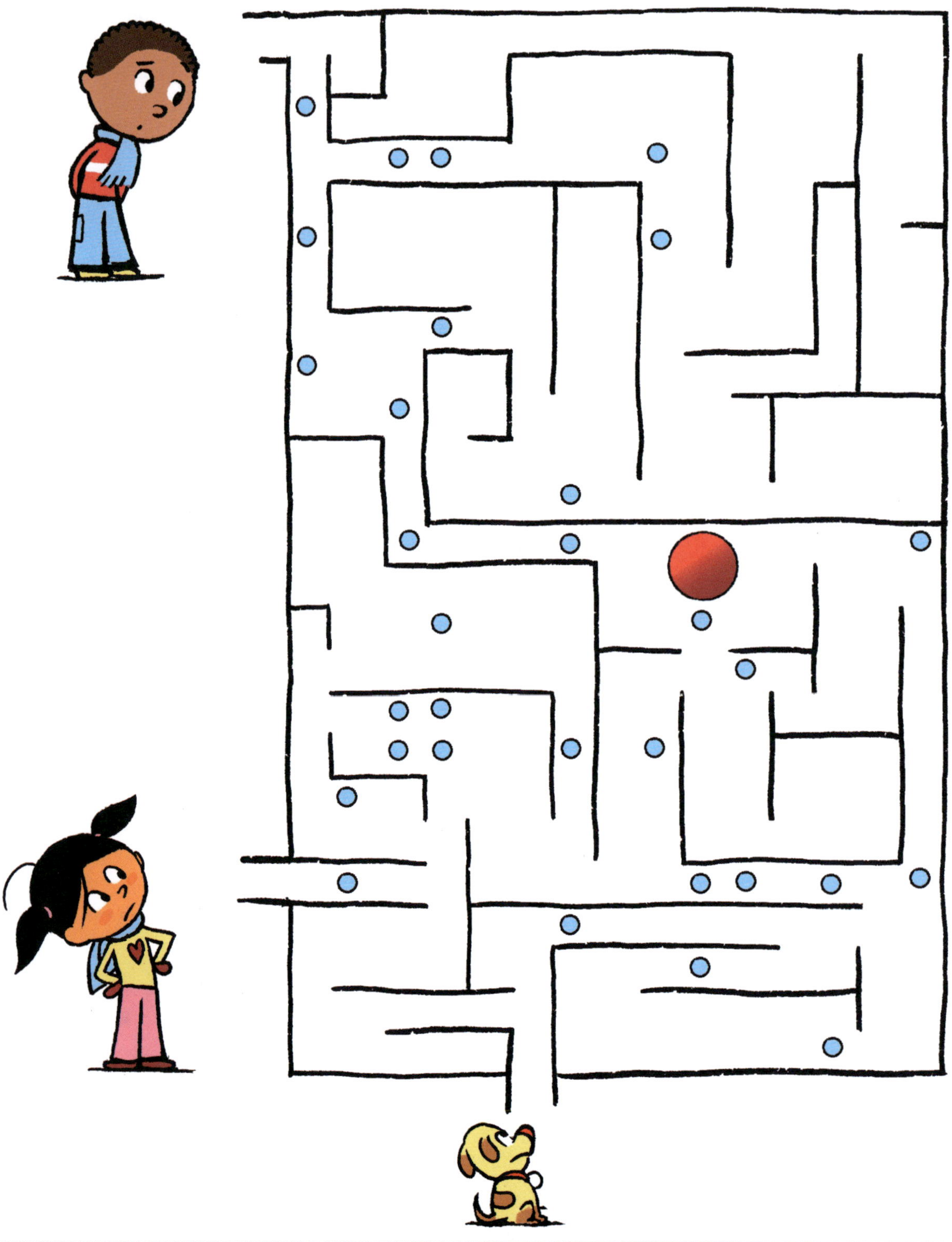

Data : ______________________

GUIDE ▶ SESILHA 1			
	ACTIVITATS	COLLECTIU	INDIVIDUAU
Calcul mentau	Dobles e meitats (jurcant'a 10)	✓	
Revisar	Dobles e meitats (jurcant'a 10)		1 2
Aprener	Repertòri aditiu e descompausicions aditivas	✓	3 4

Partatjar entre Artus e Zoe

1 Gribolha vòu balhar tant de bonbons a Artus coma a Zoe.
Es-quò possible ? Si respondes òc, escrís quantben pòt ne'n balhar a chascun.

non òc

Artus : .... Zoe : ....

non òc

Artus : .... Zoe : ....

non òc

Artus : .... Zoe : ....

2 Zoe a ueit imatges. Deu los botar dins doas envelòpas.
Deu i aver autant d'imatges dins chascuna de las envelòpas.
Quantben i aurá-t-eu d'imatges dins chasca envelòpa ?

I aurá .... imatges dins chasca envelòpa.

Descompausar 2 e 5

3 **Completa.** Totas las adicions deven èsser diferentas.

2 = ... + ...

2 = ... + ...

2 = ... + ...

4 **Completa.** Totas las adicions deven èsser diferentas.

5 = ... + ...

5 = ... + ...

5 = ... + ...

5 = ... + ...

5 = ... + ...

5 = ... + ...

Data : ______________________

GUIDE ▶ SESILHA 2			
	ACTIVITATS	COLLECTIU	INDIVIDUAU
Calcul mentau	Dobles e meitats (jurcant'a 10)	✓	1
Revisar	Seguida escricha daus nombres (jurcant'a 19)		2 3
Aprener	Repertòri aditiu e descompausicions aditivas	✓	4 5

Calculs dictats

1 ● ...... ■ ...... ★ ...... ☽ ...... ♥ ......

Seguida daus nombres

2 **Liga** los punts dins l'òrdre.

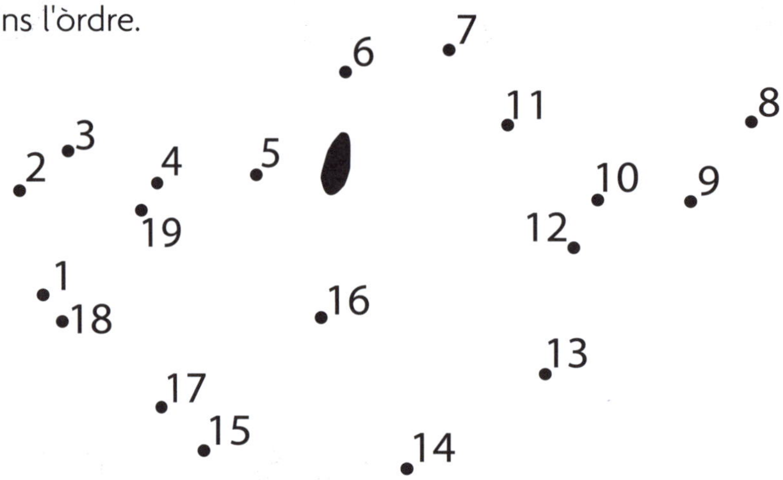

3 Zoe a escrich daus nombres. Dietz de quilhs nombres se seguen de un en un.
Tròba-los e escrís-los dins las casas. Deves los escriure dins l'òrdre.

14 4 19
16 13 6 11 8
15 12 9 10 17

....

Descompausar 3 e 7

4 **Completa.** Totas las adicions deven èsser diferentas.

3 = ... + ...
3 = ... + ...
3 = ... + ...
3 = ... + ...

5 **Completa.** Totas las adicions deven èsser diferentas.

7 = ... + ... | 7 = ... + ...
7 = ... + ... | 7 = ... + ...
7 = ... + ... | 7 = ... + ...
7 = ... + ... | 7 = ... + ...

Data :

GUIDE ▶ SESILHAS 3 e 4 Activitats nonmàs dins lo guide GUIDE ▶ SESILHA 5			
	ACTIVITATS	COLLECTIU	INDIVIDUAU
Calcul mentau	Complements a 10	✓	
Revisar	Escritura daus nombres en chifras e en letras		1
Aprener	Seguida escricha daus nombres jurcant'a 39	✓	2 3

Escritura daus nombres en chifras e en letras

1 **Liga** las doas escrituras dau mesme nombre.
Per t'aidar, pòdes espiar los numeròs de las paginas de ton fichier.

cinc 3 dos 2 tres 5 4 un quatre 1

Seguida daus nombres jurcant'a 39

2 **Escrís** quilhs nombres a lor plaça sur la fila. 8 13 19 25 26 33

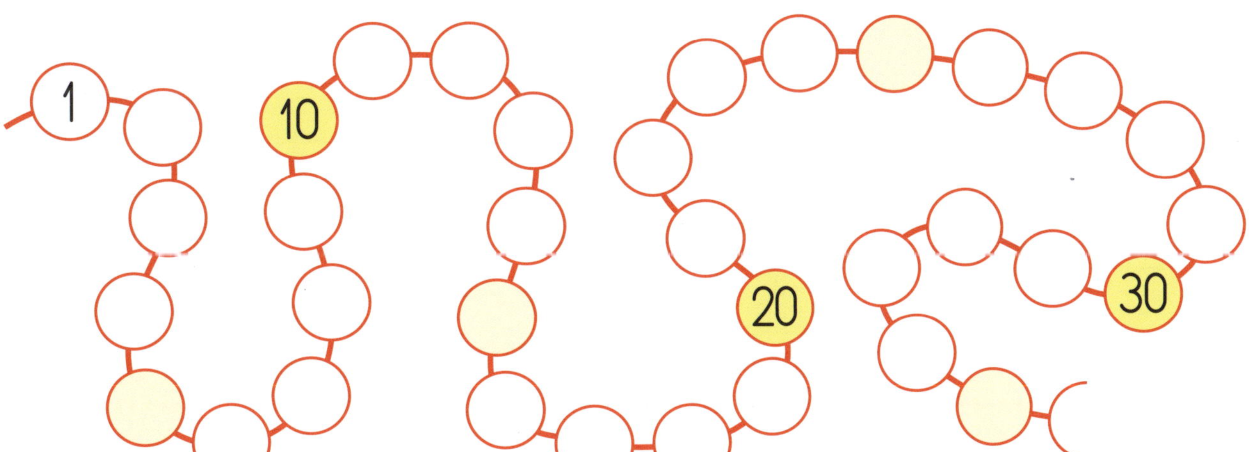

3 **Escrís** los bons nombres dins las casas blúias.

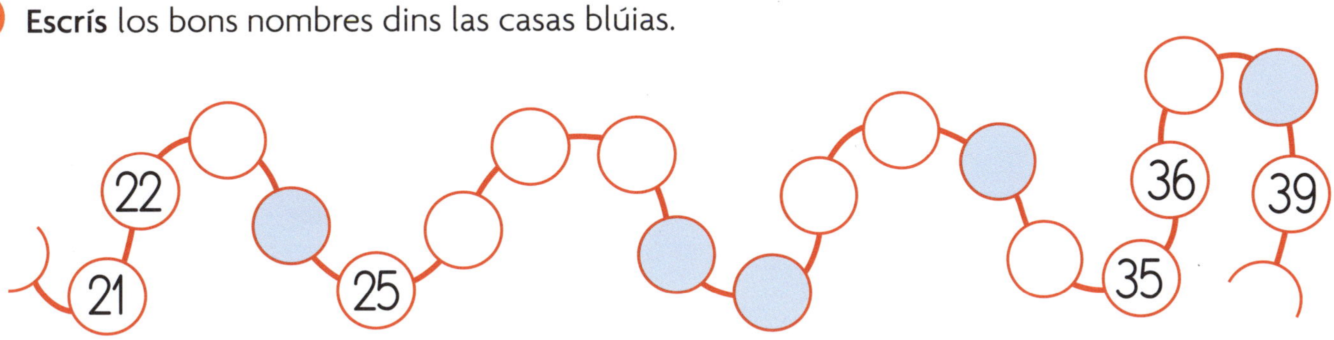

Data :

GUIDE ▶ SESILHA 8			
	ACTIVITATS	COLLECTIU	INDIVIDUAU
Comptina orala	Jurcant'a 39	✓	
Revisar	Seguida escricha daus nombres jurcant'a 39		1
Aprener	Devers las diesenas (nombres de 11 a 39)	✓	2 3

Seguida daus nombres jurcant'a 39

1 **Escrís** los nombres esfaçats per Gribolha.

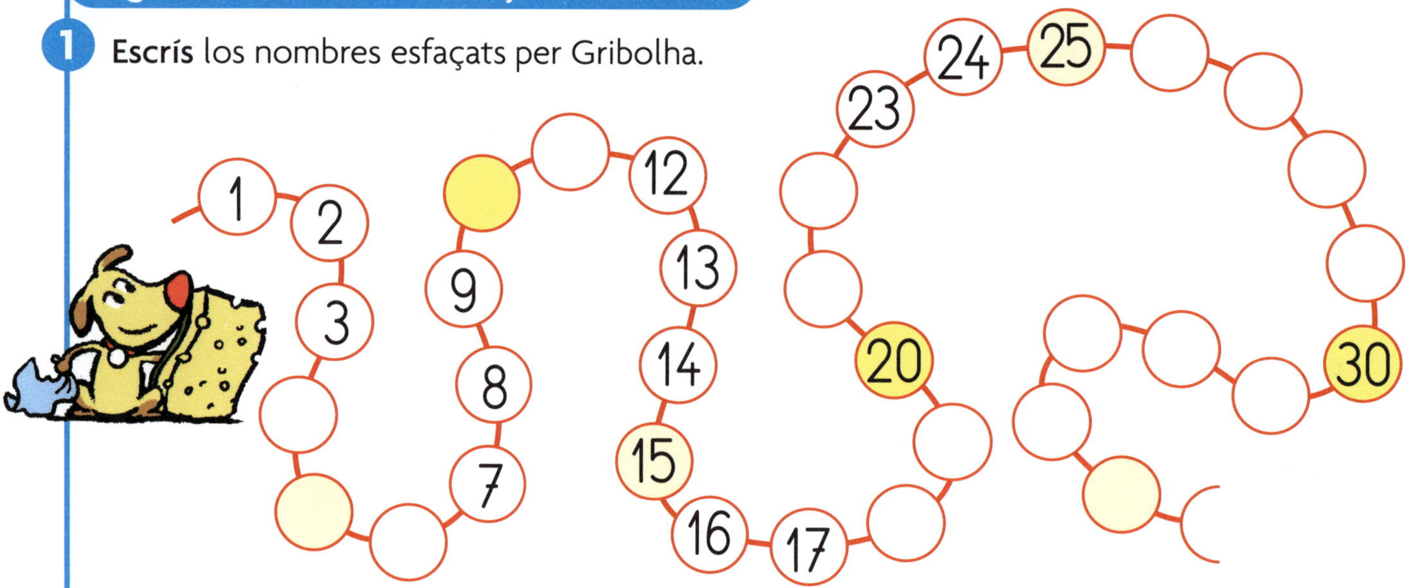

Devers las diesenas

2 **Escrís** lo nombre de dets levats sus chasca carta.

3 **Escrís** lo nombre de dets levats sus chasca carta.

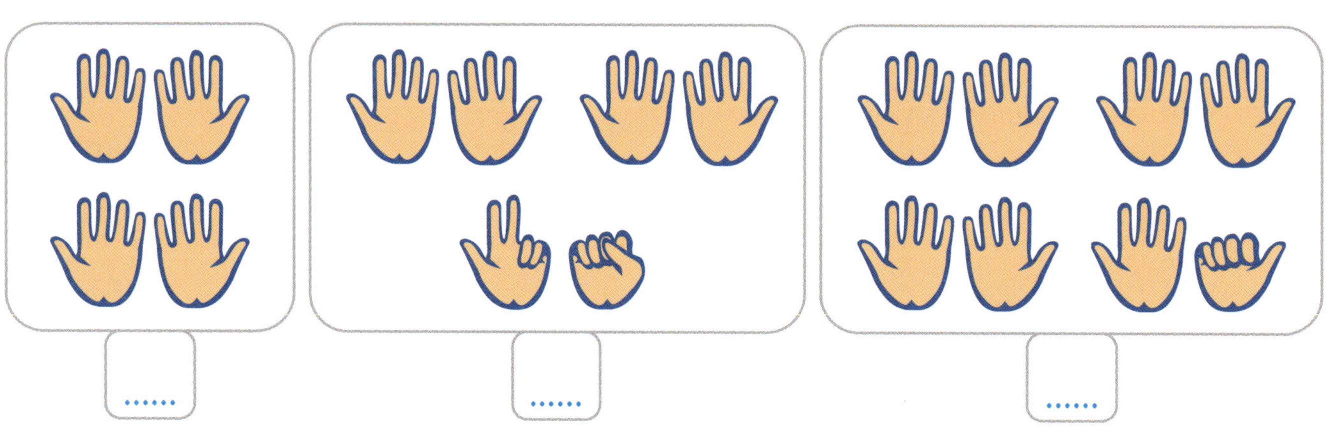

Data : ....

GUIDE ▶ SESILHA 9			
	ACTIVITATS	COLLECTIU	INDIVIDUAU
Comptina orala	Jurcant'a 39	✓	
Revisar	Seguida escricha daus nombres jurcant'a 39		1 2
Aprener	Devers las diesenas (nombres de 11 a 39)	✓	3 4

Seguida daus nombres jurcant'a 39

1 **Escrís** quilhs nombres a lor plaça sus la fila. 7 13 18 21 28 29 34

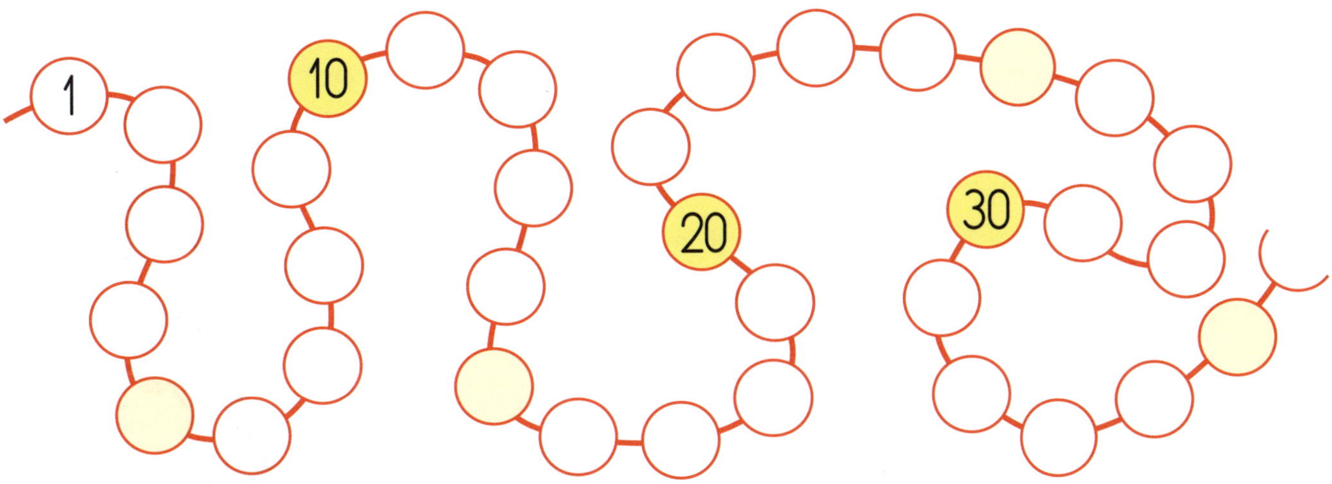

2 **Escrís** a chasque còp lo nombre qu'es davant e lo qu'es aprep.

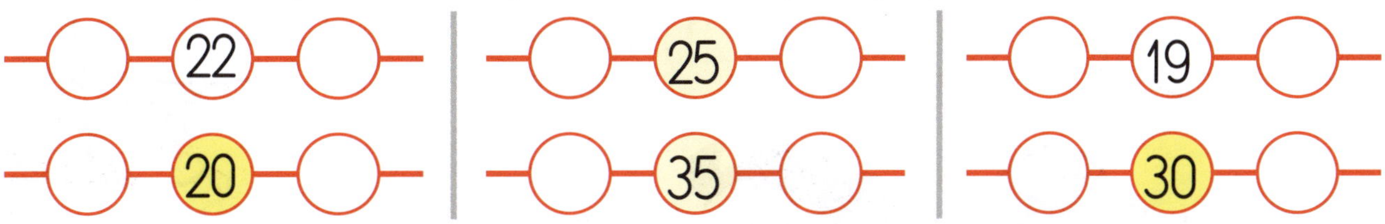

Devers las diesenas

3 **Escrís** lo nombre de punts.

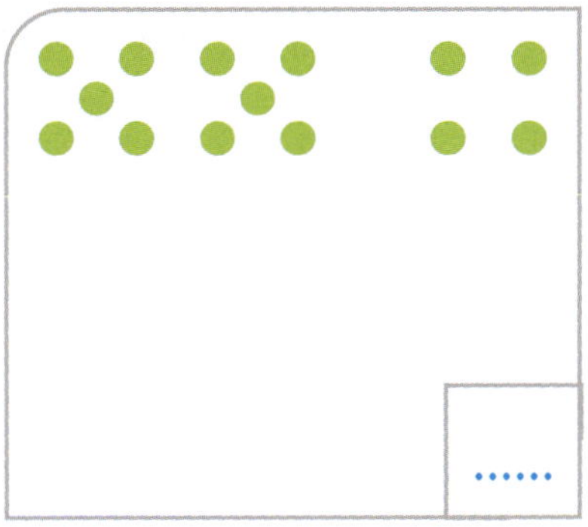

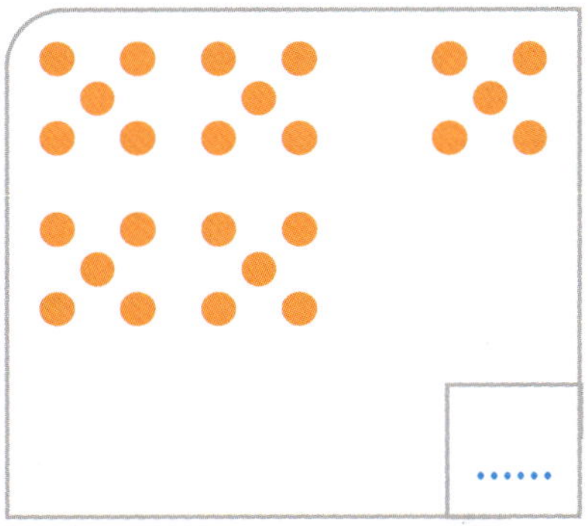

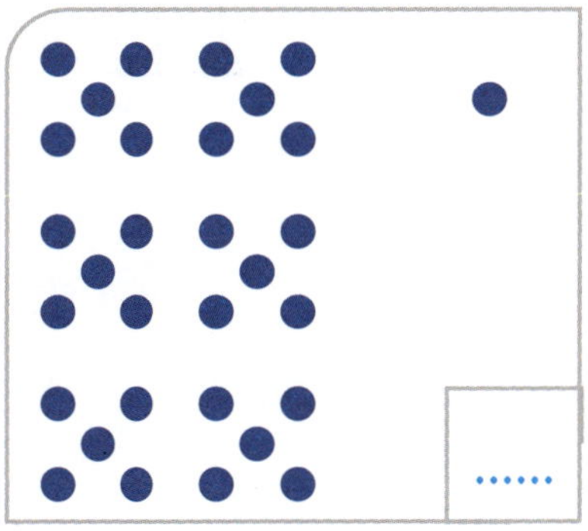

4 **Completa.**

10 + 1 = ...	20 + 5 = ...	20 + 7 = ...
20 + 2 = ...	20 + 9 = ...	30 + 2 = ...
30 + 9 = ...	30 + 5 = ...	30 + 8 = ...

GUIDE ▶ BILANÇ	PREPARACION	BILANÇ	CONSOLIDACION
Calcul mentau		1	
Repertòri aditiu	A	2	1 a 5 p. 46-47
Seguida escricha daus nombres jurcant'a 39	B	3	6 7 p. 47
Devers las diesenas (jurcant'a 39)	C	4 5	8 p. 47

Apreste lo bilanç

A L'ORAU

A

4 + 5 = ?

2	6	7	8	9
0 + 2	0 + 6	0 + 7	0 + 8	0 + 9
1 + 1	1 + 5	1 + 6	1 + 7	1 + 8
2 + 0	2 + 4	2 + 5	2 + 6	2 + 7
	3 + 3	3 + 4	3 + 5	3 + 6
	4 + 2	4 + 3	4 + 4	4 + 5
	5 + 1	5 + 2	5 + 3	5 + 4
	6 + 0	6 + 1	6 + 2	6 + 3
		7 + 0	7 + 1	7 + 2
			8 + 0	8 + 1
				9 + 0

B

C

Data : ____________________

Fau lo bilanç

1 **Escrís** las responsas. p. 46 1

● .... ■ .... ★ .... ☽ .... ♥ ....

2 **Completa** las egalitats. Utiliza lo repertòri de ton Dicò-Mats. p. 46 2 a 5

5 + 3 = ...	4 + ... = 9	.... + 6 = 9
3 + 6 = ...	4 + ... = 10	.... + 0 = 7
2 + 8 = ...	3 + ... = 8	.... + 7 = 10

3 **Escrís** los nombres que mancan. p. 47 6 7

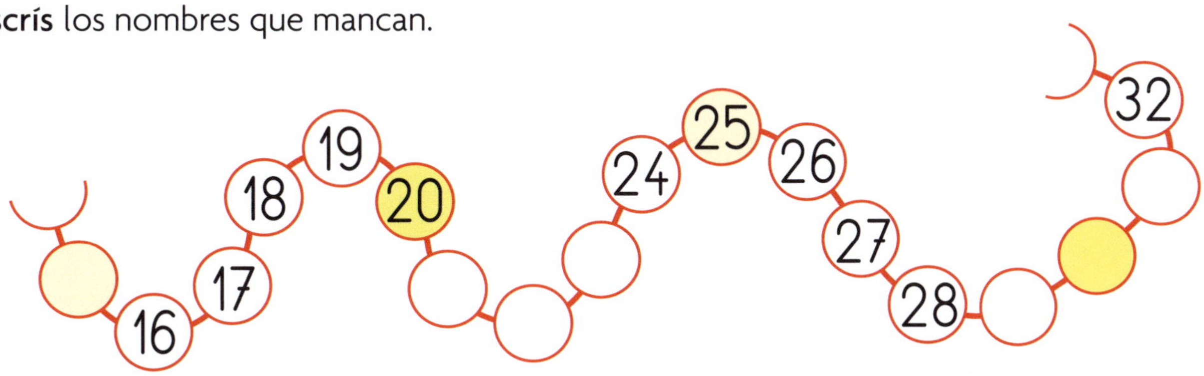

4 **Escrís** lo nombre de punts. p. 47 8

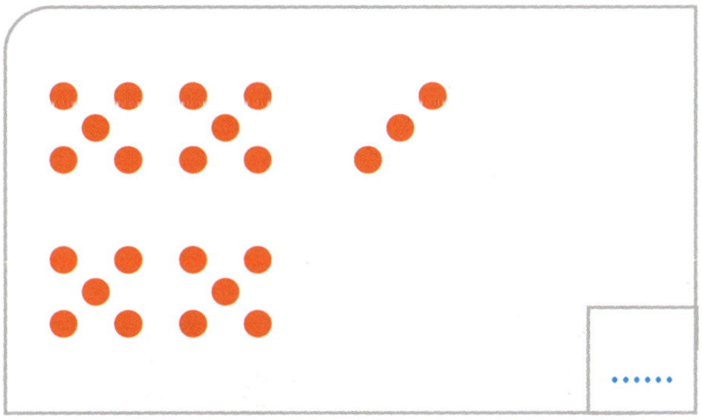

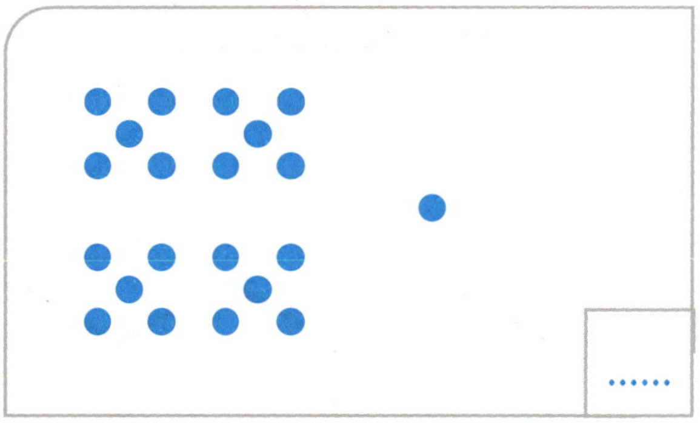

5 **Completa.** p. 47 8

10 + 1 = ...	20 + 1 = ...	10 + 9 = ...
20 + 9 = ...	30 + 3 = ...	20 + 5 = ...
10 + 7 = ...	20 + 2 = ...	30 + 6 = ...
30 + 5 = ...	30 + 7 = ...	30 + 9 = ...

Consolide mas coneissenças

1 **Lo chamin daus 10. Colòria las peiras** en blu quante lo resultat es egau a 10.

5 + 5 | 7 + 2 | 6 + 6 | 6 + 4 | 8 + 2 | 3 + 7

1 + 9 | 7 + 3 | 4 + 7 | 1 + 0 | 2 + 9

2 Gribolha a esfaçat daus calculs dins queu repertòri.
Tòrna-los trobar e escrís-los a lor plaça.

3	4	5	6	7	8	9
0+3	0+4	0+5		0+7	0+8	0+9
	1+3	1+4	1+5	1+6		1+8
2+1	2+2	2+3	2+4	2+5	2+6	2+7
3+0	3+1			3+4	3+5	
	4+0	4+1	4+2	4+3		
		5+0	5+1	5+2	5+3	5+4
				6+1		6+3
					7+1	7+2
					8+0	8+1
						9+0

3 **Colòria** en ròse quante lo resultat es egau a 4.
Colòria en verd quante lo resultat es egau a 7.

2 + 2	8 − 4	8 − 1	10 − 6	3 + 4
2 + 5	0 + 4	1 + 6	9 − 2	9 − 5
14 − 7	7 + 0	14 − 10	5 + 2	6 − 2

4 **Calcula.**

3 + 3 = ... 1 + 4 = ... 5 + 5 = ... 3 + 2 = ... 2 + 0 = ...

5 **Completa.**

5 + ... = 6 1 + ... = 3 7 + ... = 9 2 + ... = 5 4 + ... = 4

6 **Escrís** los bons nombres dins las casas blúias.

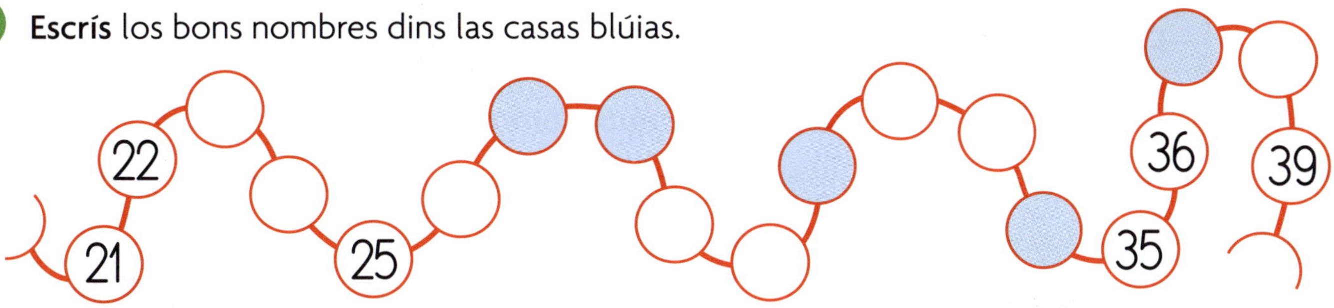

7 Emb quilhs nombres, pòdes obtener tres bocins de la fila numerica.
Completa quilhs tres bocins.

29 17 19 9
10
11 18 30
32 12 31 28

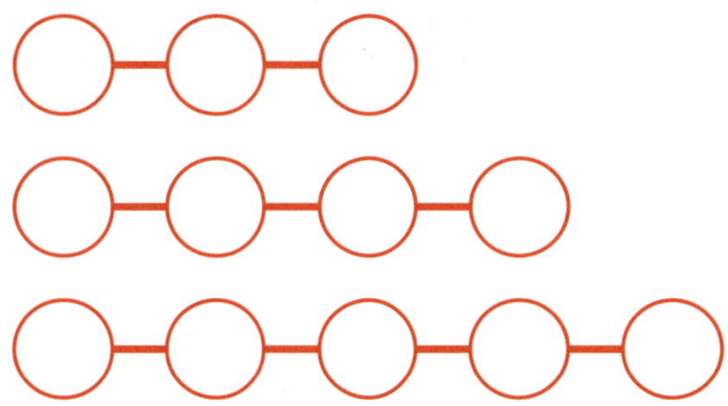

8 **Escrís** en chifras lo nombre totau de punts de la mesma color.

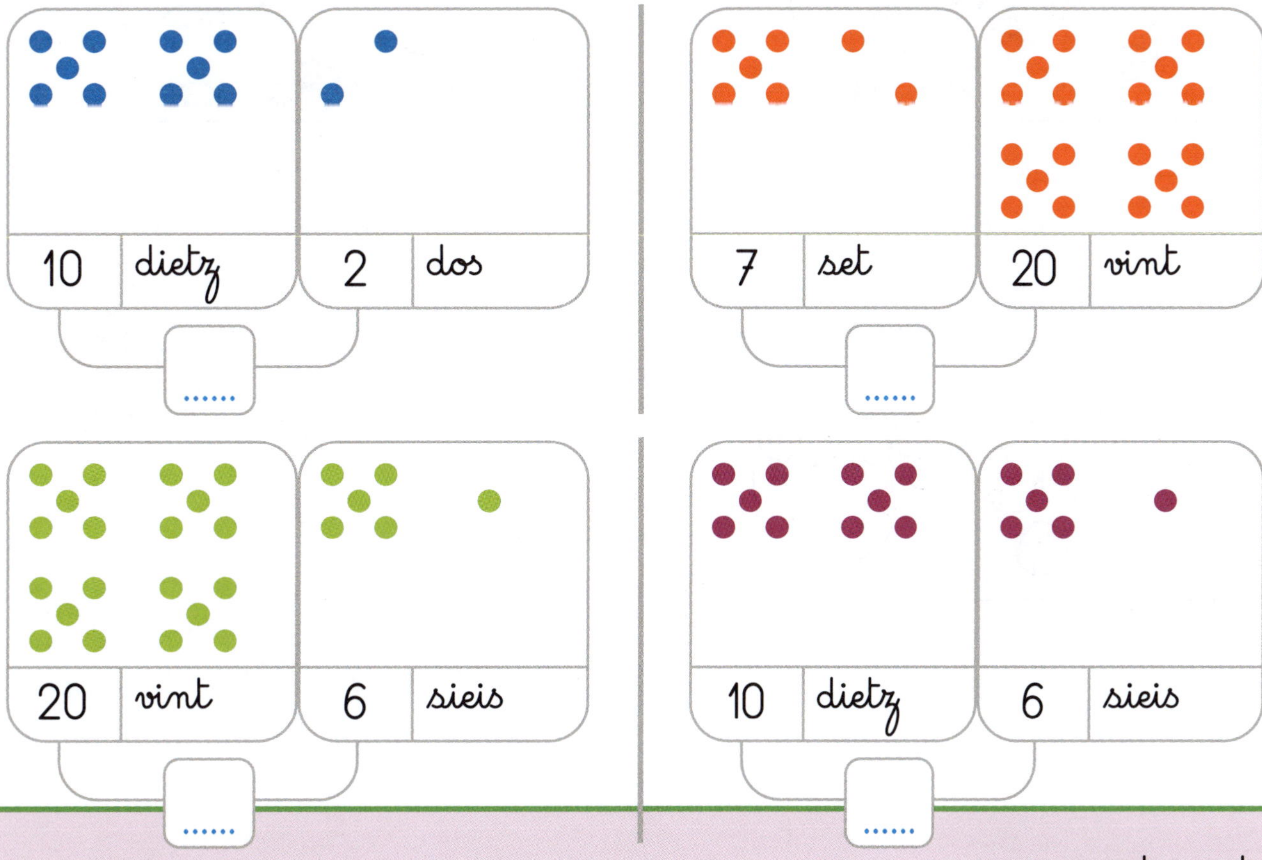

Los bons partatges

1 Artus e Zoe se son partatjat daus imatges d'animaus.

Artus a-t-eu tant d'imatges coma Zoe? Entora la bona responsa. òc non

2 Artus e Zoe se son partatjat de las cireisas.

Artus a-t-eu tant de cireisas coma Zoe? Entora la bona responsa. òc non

3 Artus e Zoe se vòlen partatjar quelas nosilhas. Artus deu aver tant de nosilhas coma Zoe.

Entora la part de chascun.

4 Artus e Zoe se vòlen partatjar quelas papilhòtas. Artus deu aver tant de papilhòtas coma Zoe.

Entora la part de chascun.

5 Artus, Zoe e Gribolha se vòlen partatjar quelas paumas. Chascun deu aver lo mesme nombre de paumas.

Entora la part de chascun.

6 Artus, Zoe e Gribolha se vòlen partatjar las bilhas que son dins queu sac. Chascun deu aver lo mesme nombre de bilhas.

Quantben chascun aurá-t-eu de bilhas?

- Artus aurá .... bilhas.
- Zoe aurá .... bilhas.
- Gribolha aurá .... bilhas.

Data :

GUIDE ▶ SESILHA 1			
	ACTIVITATS	COLLECTIU	INDIVIDUAU
Comptina orala	Jurcant'a 39 (a rebors)	✓	1
Revisar	Descompausar 5 e 10 (adicion, sostraccion)		2 a 4
Aprener	Repertòri aditiu jurcant'a 10	✓	

Nombres jurcant'a 39

1 ● ...... ■ ...... ★ ...... ☽ ...... ♥ ...... ▲ ......

Somas e diferenças egalas a 5 o a 10

2 **Colòria** en blu las casas ente lo resultat es egau a 5.
Colòria en roge las casas ente lo resultat es egau a 10.

5 + 5	6 – 1	3 + 7	12 – 2	4 + 1	7 – 2	10 – 5
4 + 3	8 + 4	13 – 3	9 – 3	8 – 5	4 + 6	
8 – 3	3 + 2	7 – 3	9 – 4	1 + 4	2 + 8	6 + 5
1 + 9	8 – 2	10 – 0	6 + 4	11 – 1	0 + 5	
10 + 0	1 + 4	5 – 0	8 + 3	7 + 3	9 – 1	15 – 5

3 **Completa** per que lo resultat siá egau a 5.

5

2 + ...
3 + ...
1 + ...
4 + ...
0 + ...
6 – ......
7 – ......
10 – ......

4 **Completa** per que lo resultat siá egau a 10.

10

1 + ...
5 + ...
4 + ...
8 + ...
3 + ...
11 – ......
12 – ......
15 – ......

Data : ____________

GUIDE ▶ SESILHA 2			
ACTIVITATS		COLLECTIU	INDIVIDUAU
Comptina orala	Jurcant'a 39 (a rebors)	✓	1
Revisar	Seguida escricha daus nombres jurcant'a 39		2 3
Aprener	Repertòri aditiu jurcant'a 10	✓	4

Nombres jurcant'a 39

1 

Seguida daus nombres jurcant'a 39

2 **Escrís** los nombres que mancan.

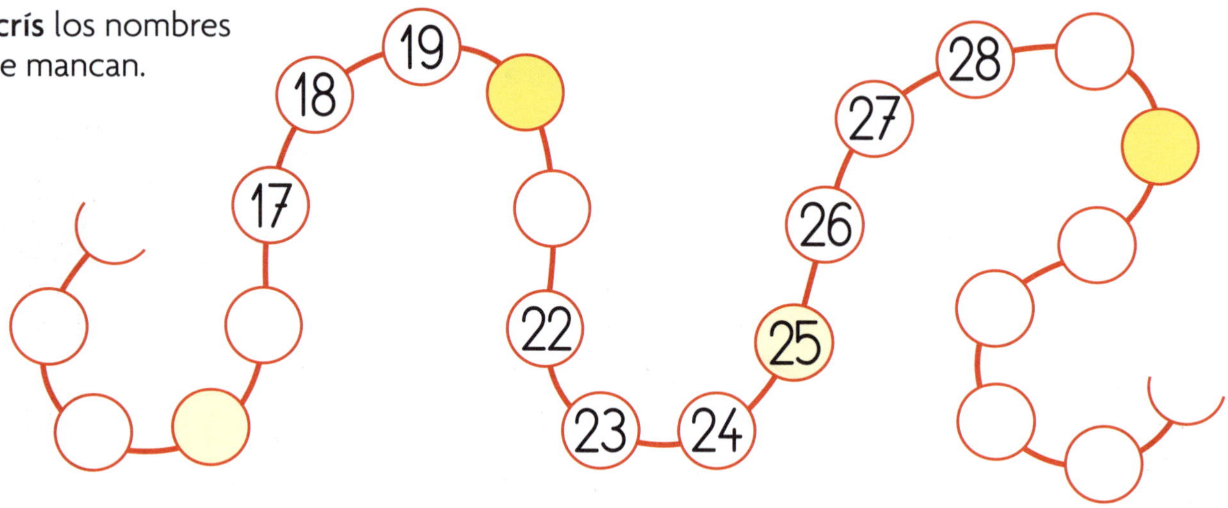

3 **Escrís** a chasque còp lo nombre qu'es davant e lo qu'es aprep.

○ 15 ○ | ○ 21 ○ | ○ 29 ○

○ 33 ○ | ○ 36 ○ | ○ 38 ○

Repertòri aditiu: la punta

4 **Entora** los personatges qu'an obtengut 10 punts en tot.

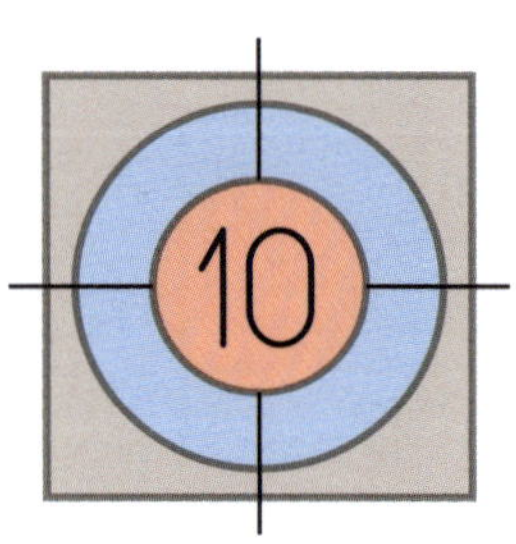

6 2 2

3 2 4 1

3 5 3

Data : ....

GUIDE ▶ SESILHA 3	ACTIVITATS	COLLECTIU	INDIVIDUAU
Calcul mentau	Ajostadís d'unitats a 10	✓	1
Revisar	Escritura literala daus nombres de 6 a 10		2
Aprener	Soma de plusiors nombres	✓	3 a 5

Calculs dictats

1 ● ☐ ■ ☐ ★ ☐ ☽ ☐ ♥ ☐ ▲ ☐

Escritura daus nombres en chifras e en letras

2 **Liga** las doas escrituras dau mesme nombre.

9 10 uech

set dietz 8

6 7 nòu sieis

Repertòri aditiu

3 **Completa.**

2 + 1 + 3 = ... 2 + 3 + 4 = ... 5 + 1 + 3 = ...

5 + 1 + 4 = ... 5 + 5 + 2 = ... 5 + 1 + 5 = ...

4 **Entora** las egalitats que son justas.
Barra las que son faussas.

3 + 2 + 3 = 8 2 + 3 + 4 = 5 + 4

4 + 4 = 8

5 + 1 + 4 = 9 2 + 2 + 2 = 3 + 4

2 + 2 + 5 = 9

5 **Escrís** doas somas en te servir de quilhs nombres.
Lo resultat deu èsser egau a 10.

2 1 6 3 4

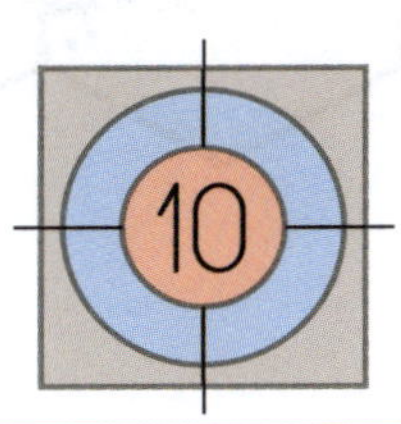

.... = 10

.... = 10

Data :

GUIDE ▶ SESILHA 4			
	ACTIVITATS	COLLECTIU	INDIVIDUAU
Calcul mentau	Ajostadís d'unitats a 10	✓	1
Revisar	Somas e diferenças (‹ 10)		2 3
Aprener	Diesenas e unitats	✓	

Calculs dictats

1 ● .... ■ .... ★ .... ☽ .... ♥ .... ▲ ....

Somas e diferenças

2 Completa.

4 + 2 = ...	6 + 2 = ...	1 + 5 = ...
5 + 5 = ...	5 + 4 = ...	1 + 9 = ...
4 − 2 = ...	10 − 1 = ...	6 − 2 = ...
3 − 3 = ...	7 − 6 = ...	8 − 6 = ...
10 − 4 = ...	10 − 2 = ...	10 − 8 = ...

3 Colòria en blu las casas ente lo resultat es egau a 5.
Colòria en roge las casas ente lo resultat es egau a 6.

1 + 4 | 5 + 1 | 2 + 4

2 + 3 | 7 − 2 | 6 − 2

6 − 1 | 7 − 1 | 8 − 2 | 9 − 4

10 − 5 | 9 − 2 | 9 − 3 | 10 − 3

8 − 3 | 10 − 4 | 0 + 5 | 8 − 4

Data : ____________________

GUIDE ▶ SESILHA 5 GUIDE ▶ SESILHA 6	Activitats nonmàs dins lo guide		
	ACTIVITATS	COLLECTIU	INDIVIDUAU
Calcul mentau	Complements de 10 a 12...	✓	1
Revisar	Ajostadís d'unitats a 10 : somas, complements		2 3
Aprener	Diesenas e unitats	✓	4 5

Calculs dictats

1 ● ______ ■ ______ ★ ______ ☽ ______ ♥ ______ ▲ ______

Ajostadís d'unitats a 10

2 **Completa.**

10 + 3 = ... 10 + 7 = ... 10 + 1 = ...

10 + 9 = ... 10 + 6 = ... 10 + 4 = ...

3 **Completa.**

10 + ... = 11 10 + ... = 12 10 + ... = 15

10 + ... = 16 10 + ... = 19 10 + ... = 10

Diesenas e unitats

4 **Completa** los bons de comanda.

Fau 34 botons.
Ma comanda :
..... paquets de dietz botons,
..... botons.

Fau 20 botons.
Ma comanda :
..... paquets de dietz botons,
..... botons.

5 **Completa** los bons de comanda.

Fau ...... botons.
Ma comanda :
1 paquet de dietz botons,
5 botons.

Fau ...... botons.
Ma comanda :
3 paquets de dietz botons,
7 botons.

GUIDE ▶ BILANÇ	PREPARACION	BILANÇ	CONSOLIDACION
Nombres e calculs dictats		1 2	1 a 4 p. 56
Repertòri aditiu	A	3 4	5 a 7 p. 56-57
Diesenas e unitats	B	5 6	8 a 10 p. 57

Apreste lo bilanç

A L'ORAU

A

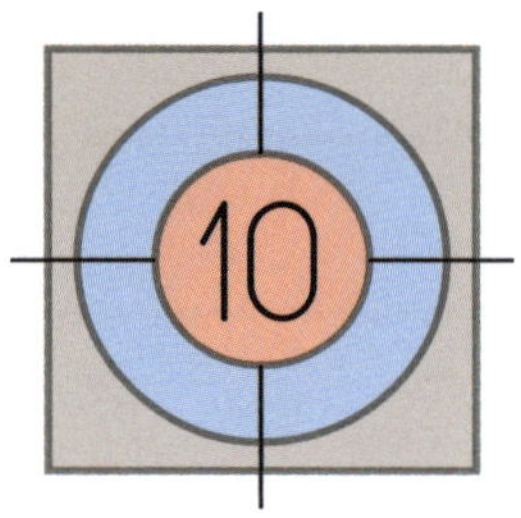

3 2 4 1

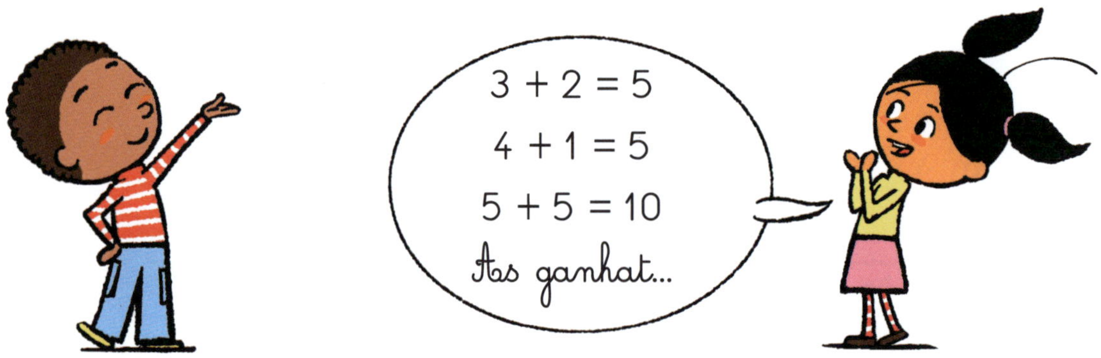

B

Fau 36 botons.
Ma comanda :
3 paquets de dietz botons,
6 botons.

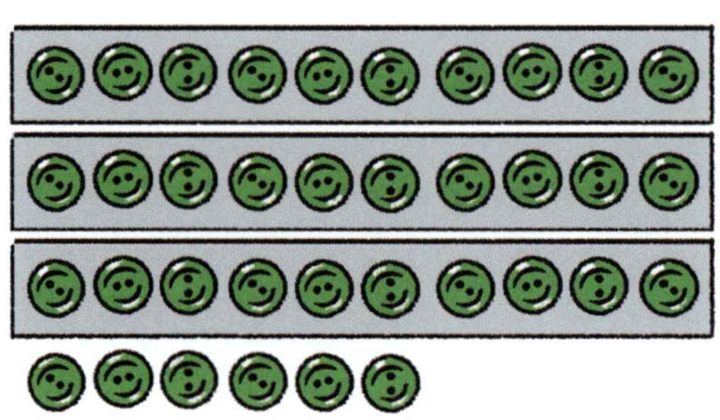

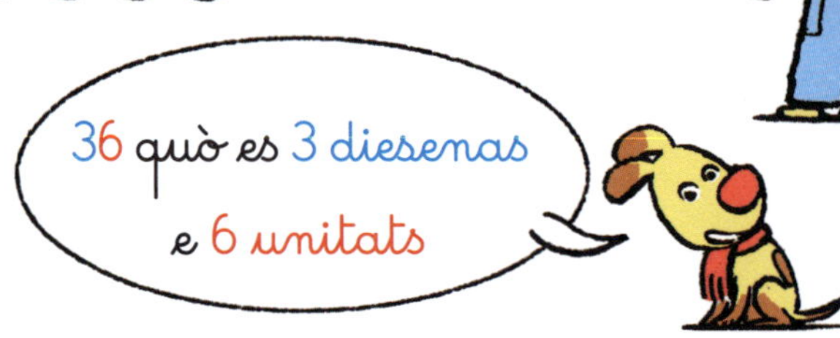

Data : ____________

Fau lo bilanç

1 **Escrís** los nombres.

● ▢ ■ ▢ ★ ▢ ☽ ▢ ♥ ▢ ▲ ▢

p. 56 1 2

2 **Escrís** las responsas.

● ▢ ■ ▢ ★ ▢ ☽ ▢ ♥ ▢ ▲ ▢

p. 56 3 4

3 **Completa.**

56-57 5 a 7

3 + 2 + 5 = ...

4 + 1 + 3 = ...

2 + 2 + 2 + 2 = ...

3 + 1 + 3 + 4 = ...

4 **Completa** per que lo resultat siá egau a 8.

p. 56-57 5 a 7

8

4 + ...

6 + ...

2 + ...

5 + ...

9 – ......

8 + ...

5 **Liga** chasque personatge a son paquet de gometas.

p. 56-57 8 a 10

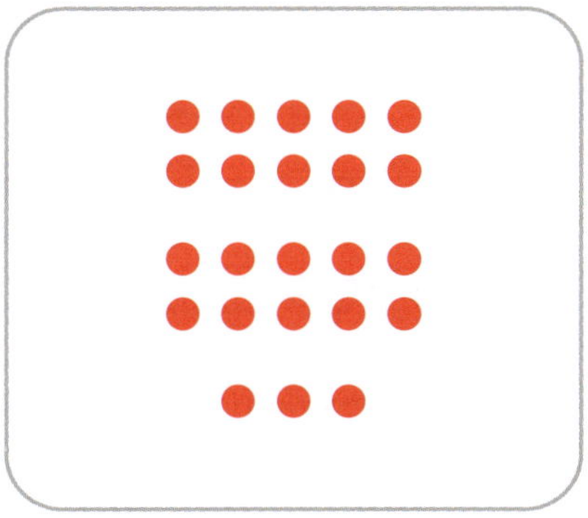

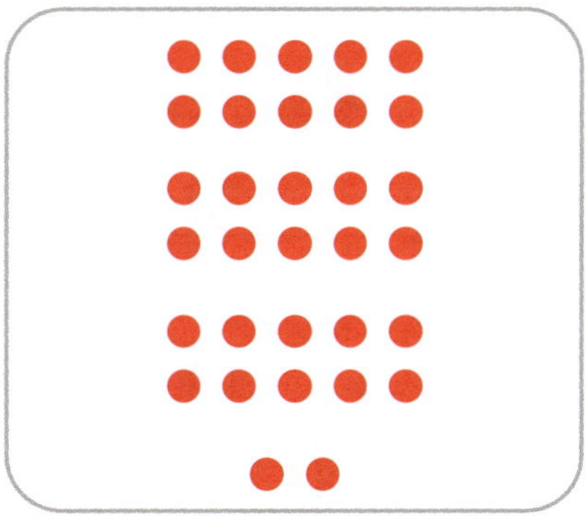

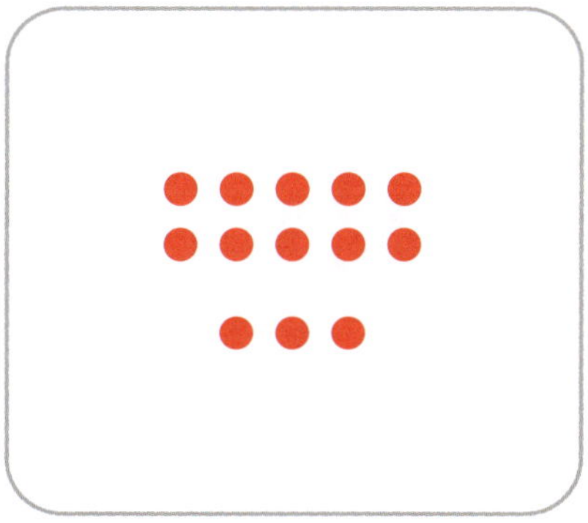

 32 gometas

 23 gometas

 13 gometas

6 **Completa** los bons de comanda. Atencion, quò es pas possible de comandar mai de 9 botons tots sols.

p. 56-57 8 a 10

Fau 29 botons.
Ma comanda :
...... paquets de 10 botons,
...... botons.

Fau ...... botons.
Ma comanda :
3 paquets de 10 botons,
8 botons.

Consolide mas coneissenças

1 **Escrís** los nombres dins las casas marcadas d'una pica.

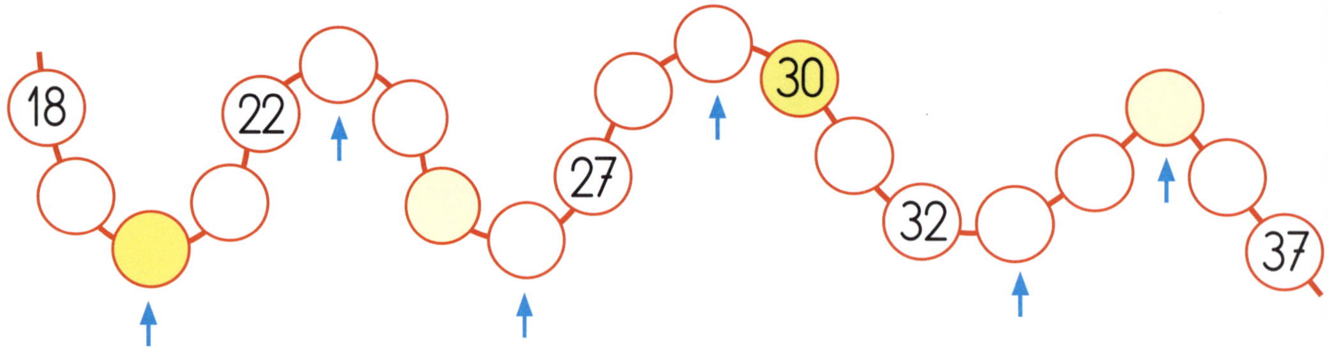

2 **Escrís** los nombres que Gribolha a esfaçats.

25 29 26

28 35 32

....

3 **Dessenha** los punts que mancan.

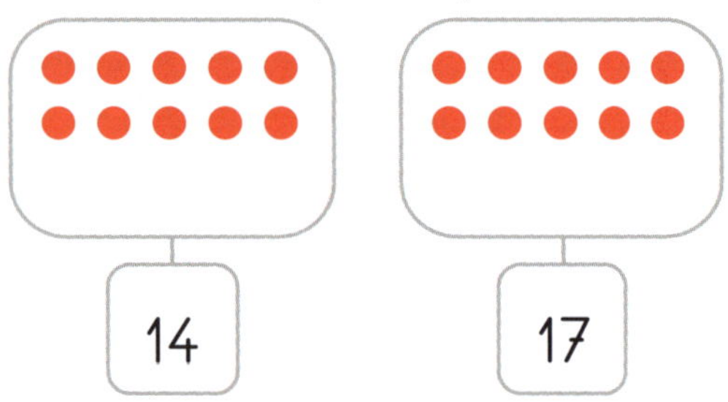

4 **Completa.**

10 + 3 = ...	10 + ... = 15
10 + 6 = ...	10 + ... = 11
10 + 8 = ...	10 + ... = 17
10 + 0 = ...	10 + ... = 12

5 **Completa** per que lo resultat siá egau a 6.

- 1 + ...
- 0 + ...
- 4 + ...
- 9 – ......
- 10 – ......
- 6 – ......
- 2 + ...
- 3 + ...

6 **Completa** per que lo resultat siá egau a 9.

- 2 + ...
- 4 + ...
- 3 + ...
- 9 – ......
- 12 – ......
- 10 – ......
- 8 + ...
- 5 + ...

7 **Colòria** las cartas que chascun deu chausir per obtener lo nombre dins la cibla.

	4	2	5	7	5
	2	4	3	4	5
	1	2	3	1	6

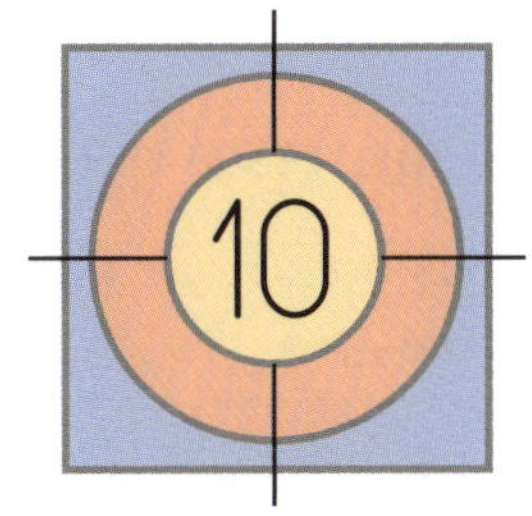

8 I a-t-eu ben 10 chocolats dins la bóitia ?

Entora la bona responsa.

òc non

9 **Quantben** Artus a-t-eu de chocolats ? **Completa.**

Artus a .... chocolats.

10 Gribolha vòu 34 chocolats. **Entora** las bóitias e los chocolats que deu prener.

Las bóitias de gredons

1 Artus e Zoe an reçaubut de las bóitias de gredons.
Barra las frasas que son faussas.

- Artus a tant de gredons coma Zoe.
- Artus a mai de gredons que Zoe.
- Artus a mens de gredons que Zoe.

---

2 Artus es chas lo merchand de gredons.
Veu totas quelas bóitias. **Vòu 9 gredons.**

Completa quilhs bons de comanda de tres biais diferents.

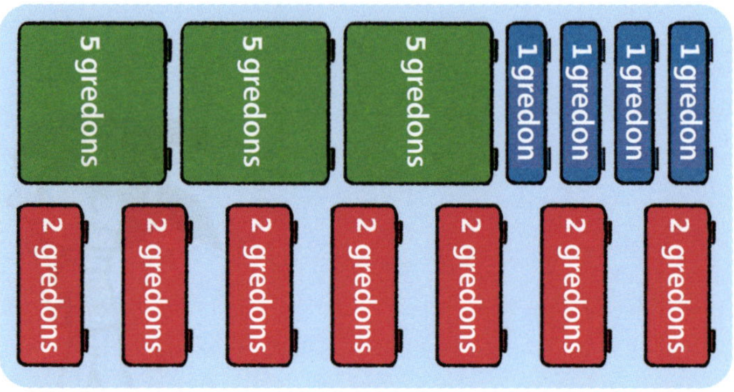

.... bóitia(s) de 5 gredons .... bóitia(s) de 2 gredons .... bóitia(s) de 1 gredon	.... bóitia(s) de 5 gredons .... bóitia(s) de 2 gredons .... bóitia(s) de 1 gredon	.... bóitia(s) de 5 gredons .... bóitia(s) de 2 gredons .... bóitia(s) de 1 gredon

---

3 Zoe es chas lo merchand de gredons.
Veu totas quelas bóitias.
Vòu 13 gredons.

Completa quilhs bons de comanda de quatre biais diferents.

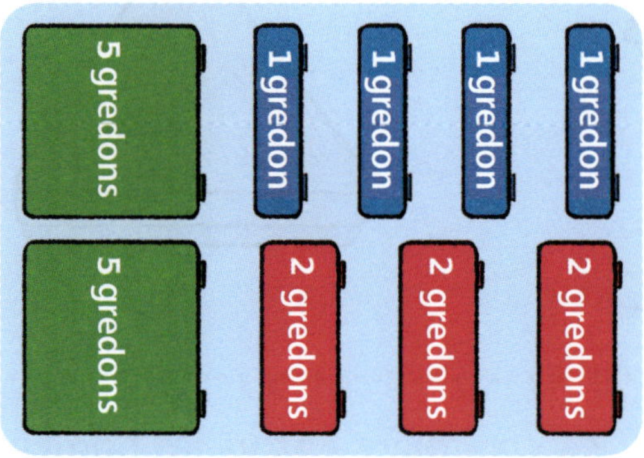

.... bóitia(s) de 5 gredons .... bóitia(s) de 2 gredons .... bóitia(s) de 1 gredon	.... bóitia(s) de 5 gredons .... bóitia(s) de 2 gredons .... bóitia(s) de 1 gredon	.... bóitia(s) de 5 gredons .... bóitia(s) de 2 gredons .... bóitia(s) de 1 gredon	.... bóitia(s) de 5 gredons .... bóitia(s) de 2 gredons .... bóitia(s) de 1 gredon

Data : ....

GUIDE ▶ SESILHA 1			
	ACTIVITATS	COLLECTIU	INDIVIDUAU
Calcul mentau	Problemas dictats : dobles e meitats (jurcant'a 10)	✓	1
Revisar	Problemas escrichs : dobles e meitats (jurcant'a 10)		2 3
Aprener	Dobles e meitats (jurcant'a 20)	✓	4 5

Problemas dictats

1 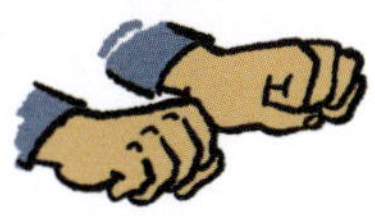

Artus aurá ...... gitons.

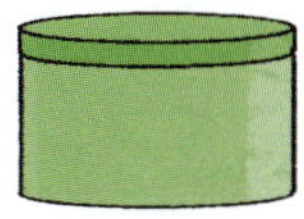

Artus e Zoe aurán chascun ..... gitons.

Problemas escrichs

2 Artus a botat 5 biscuits dins sa man drecha e 5 autres biscuits dins sa man mança. Los balha tots a Gribolha.

Quantben de biscuits vai reçaubre Gribolha ?

Gribolha vai reçaubre ...... biscuits.

3 Dins quela bóitia, i a 8 bilhas. Artus e Zoe se partatjan totas quelas bilhas. Chascun ne'n pren lo mesme nombre.

Quantben chascun aurá-t-eu de bilhas ?

Artus aurá .... bilhas.

Zoe aurá .... bilhas.

Dobles e meitats

4 Quante quò es possible, **traça** un trach per aver autant de perlas de chasque costat dau trach.

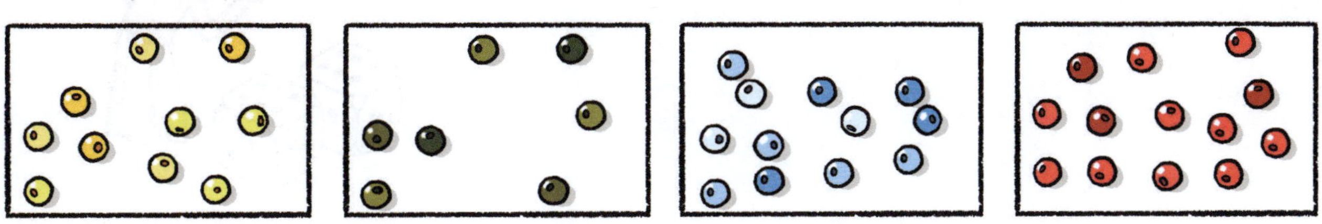

5 Quante quò es possible, **completa** en escriure dos còps lo mesme nombre.
Quante quò es pas possible, **barra** l'egalitat.

exemple 4 = 2 + 2	6 = ... + ...	5 = ... + ...	8 = ... + ...
10 = ... + ...	13 = ... + ...	12 = ... + ...	18 = ... + ...

Data : ____________________

GUIDE ▶ SESILHA 2			
	ACTIVITATS	COLLECTIU	INDIVIDUAU
Calcul mentau	Repertòri aditiu (jurcant'a 10)	✓	1
Revisar	Complements a 10		2 3
Aprener	Calcul reflechit en s'apoiar sus los dobles	✓	4 5

Calculs dictats

1 a ____ b ____ c ____ d ____ e ____ f ____

Complements a 10

2 Fau 10 bilhas dins chasque sac.
Escrís quantben ne'n manca.

Manca ..... bilhas.

Manca ..... bilhas.

Manca ..... bilhas.

3 Completa.

5 + ... = 10
2 + ... = 10

9 + ... = 10
3 + ... = 10

2 + 4 + ... = 10
9 + 1 + ... = 10

Calcul reflechit

4 Completa.

6 + 6 = ...

Serv-te de queu resultat per calcular :

6 + 7 = ...
6 + 5 = ...

6 + 8 = ...
5 + 6 = ...

7 + 6 = ...
7 + 7 = ...

5 Completa.

8 + 8 = ...

Serv-te de queu resultat per calcular :

8 + 9 = ...
8 + 7 = ...

7 + 8 = ...
9 + 9 = ...

9 + 8 = ...

Data : ______________________

GUIDE ▶ SESILHA 3			
	ACTIVITATS	COLLECTIU	INDIVIDUAU
Calcul mentau	Repertòri aditiu (jurcant'a 10)	✓	1
Revisar	Calcul reflechit en s'apoiar sus los dobles		2 3
Aprener	Calcul reflechit en s'apoiar sus 5 e 10	✓	4 5

Calculs dictats

1 a ___ b ___ c ___ d ___ e ___ f ___

Calcul reflechit

2 Completa.

En tot, i a .... punts.

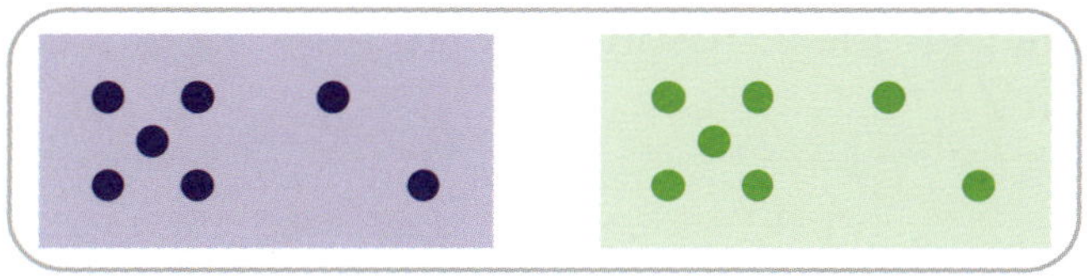

3 Completa en te servir de la responsa trobada a l'exercici 2.

7 + 7 = ...

7 + 8 = ...
8 + 7 = ...

7 + 9 = ...
9 + 7 = ...

7 + 6 = ...
6 + 7 = ...

Calcul reflechit

4 Tròba lo nombre totau de punts emb lo metòde de ta chausida.

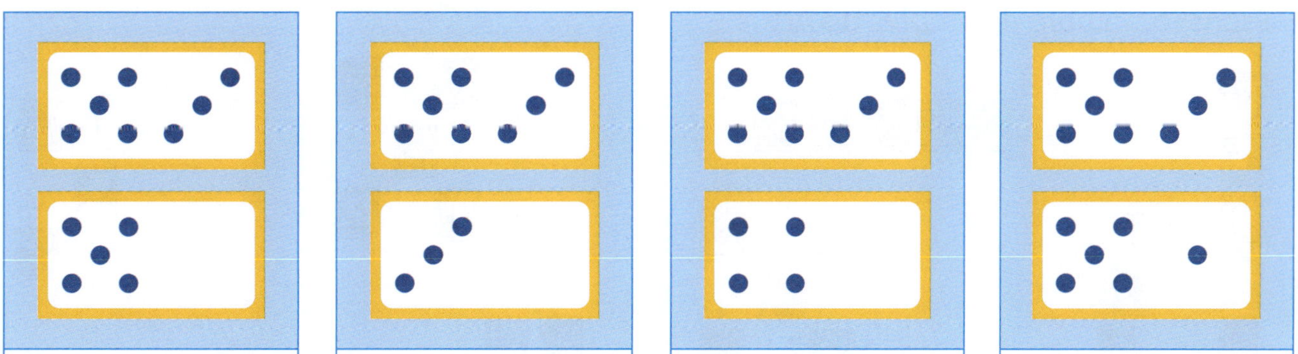

.... punts .... punts .... punts .... punts

5 Completa.

9 + 5 = ...
4 + 8 = ...
2 + 9 = ...

5 + 6 = ...
3 + 9 = ...
4 + 7 = ...

7 + 5 = ...
5 + 7 = ...
8 + 6 = ...

8 + 5 = ...
6 + 8 = ...
6 + 7 = ...

Data : ______________________

GUIDE ▶ SESILHA 4			
	ACTIVITATS	COLLECTIU	INDIVIDUAU
Calcul mentau	Repertòri aditiu (jurcant'a 10)	✓	1
Revisar	Repertòri aditiu (jurcant'a 10)		2 3
Aprener	Diesenas e unitats : gropar per dietz	✓	4

Calculs dictats

1 a ____ b ____ c ____ d ____ e ____ f ____

Repertòri aditiu

2 **Completa** per que lo resultat siá egau a 7.

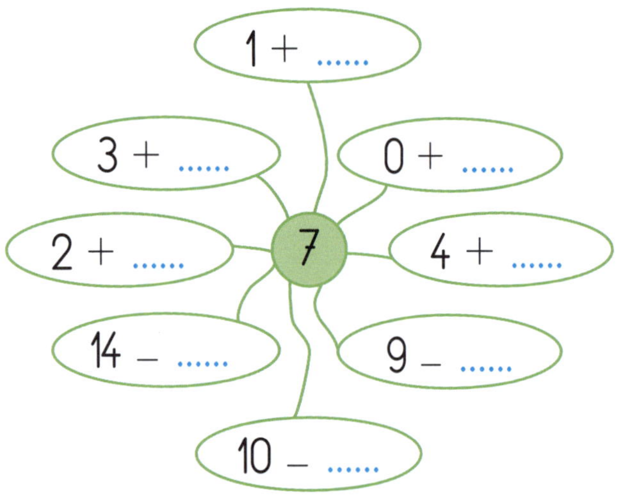

3 **Completa** per que lo resultat siá egau a 8.

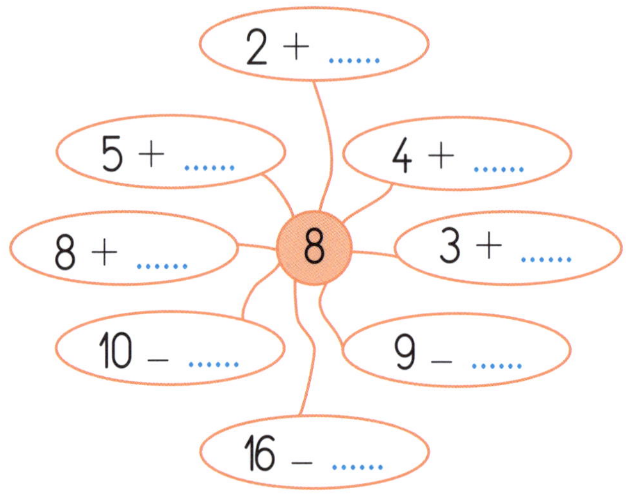

Desnombrament

4 **Escrís** lo nombre de timbres de Artus.

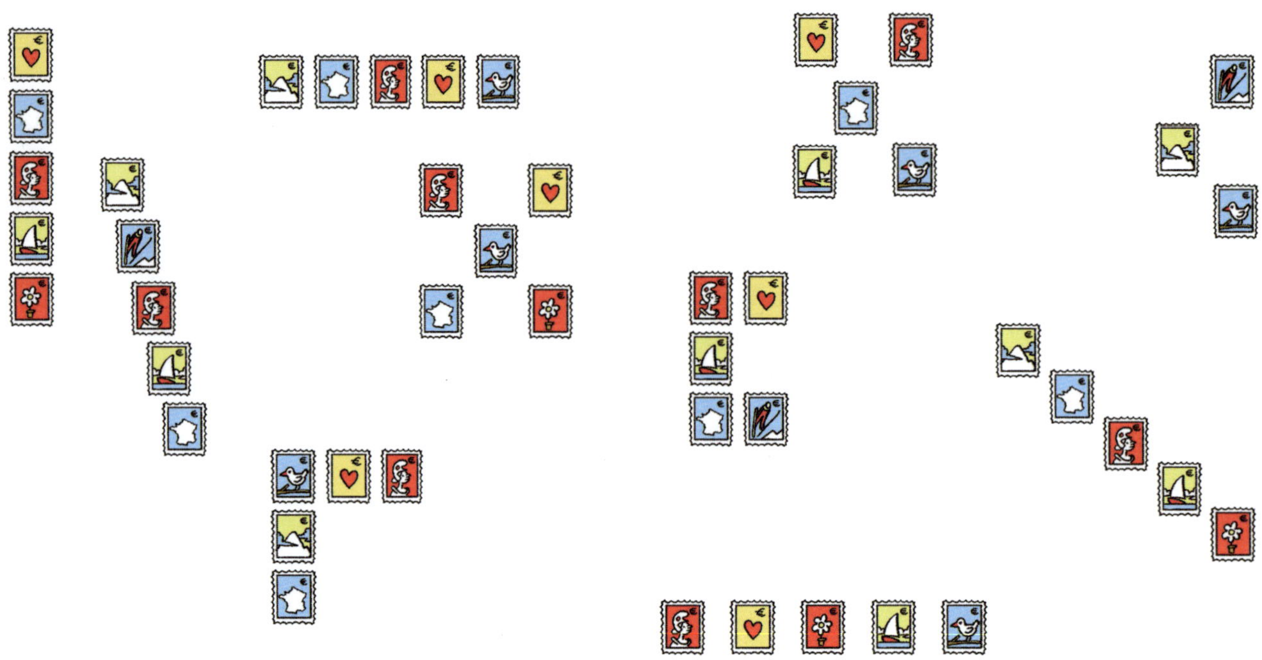

Artus a .... timbres.

Data : ____________________

GUIDE ▶ SESILHA 5			
	ACTIVITATS	COLLECTIU	INDIVIDUAU
Calcul mentau	Problemas dictats : adicion, sostraccion	✓	1
Revisar	Problemas dictats : adicion, sostraccion		2 3
Aprener	Diesenas e unitats : gropar per dietz	✓	4

Problemas dictats

1

Problemas escrichs

2 Artus a botat 3 biscuits dins sa man drecha e 6 autres biscuits dins sa man mança.
Los balha tots a Gribolha.

Quantben de biscuits vai reçaubre Gribolha ?

Gribolha vai reçaubre ...... biscuits.

3 Dins quela bóitia, i aviá 10 bilhas.
Zoe a surtit 4 bilhas de la bóitia.

Quantben demòra-t-eu de bilhas dins la bóitia ?

Demòra ...... bilhas dins la bóitia.

Desnombrament

4 Artus vòu far un colier emb 13 perlas.
Entora en blu las perlas que deu prener.

Zoe vòu far un colier emb 54 perlas.
Entora en verd las perlas que deu prener.

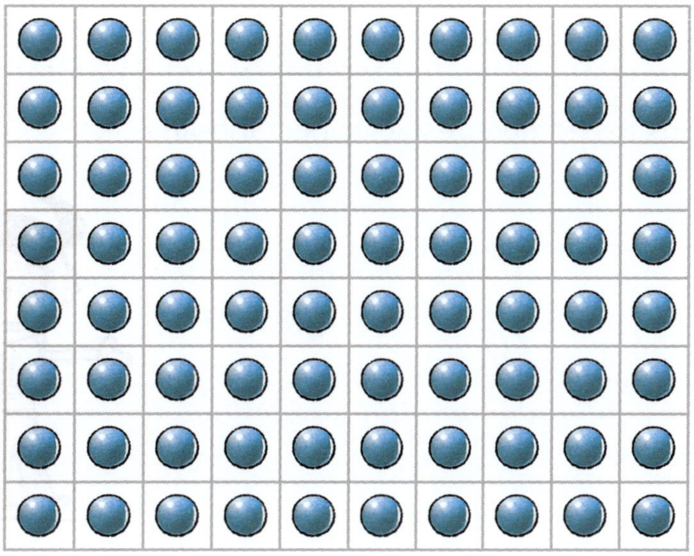

Data : ....

GUIDE ▶ SESILHA 8	ACTIVITATS	COLLECTIU	INDIVIDUAU
Calcul mentau	Calcul reflechit de somas, en s'apoiar sus los dobles	✓	1
Revisar	Comparason de nombres jurcant'a 39	✓	2
Aprener	Nombres jurcant'a 59	✓	3 4

Calculs dictats

1 a ____ b ____ c ____ d ____ e ____ f ____

Comparar daus nombres

2 **Entora** lo mai grand daus dos nombres.

7 | 12   7 | 5   7 | 27   19 | 30

23 | 32   15 | 12   15 | 25   14 | 15

Nombres jurcant'a 59

3 **Escrís** los nombres que mancan.

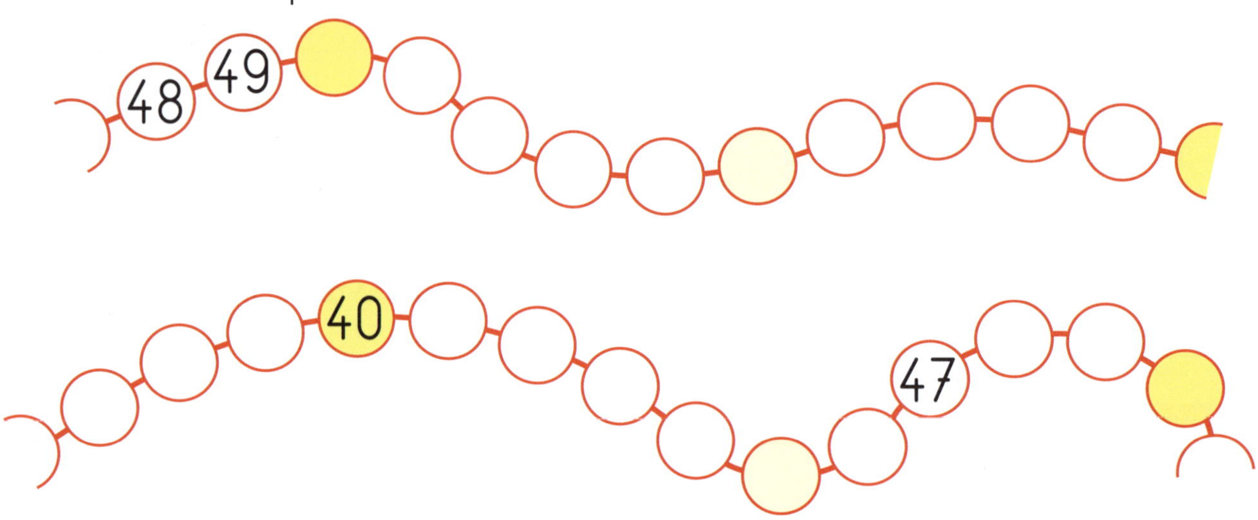

4 **Escrís** los nombres esfaçats per Gribolha.

34 35 45 36 42 44 39

....

Data :

GUIDE ▶ SESILHA 9	ACTIVITATS	COLLECTIU	INDIVIDUAU
Calcul mentau	Calcul reflechit de somas, en s'apoiar sus 5 e 10	✓	1
Revisar	Comparason de nombres jurcant'a 39		2 3
Aprener	Comparason de nombres jurcant'a 99	✓	4 5

Calculs dictats

1 a ___ b ___ c ___ d ___ e ___ f ___

Comparar daus nombres

2 **Entora** lo mai grand daus tres nombres.
Joslinha lo mai pitit.

14 17 6 — 20 25 22 — 23 32 30

3 **Escrís** los nombres dau mai pitit au mai grand.

17 10 3 8 20

....

Comparar daus nombres

4 **Entora** lo mai pitit daus dos nombres.

28 34 — 64 46 — 51 47

19 90 — 40 32 — 77 68

5 **Completa** emb < o >.

24 52
74 47
8 48

68 66
39 40
54 18

50 49
35 53
9 35

20 8
17 71
40 38

GUIDE ▶ BILANÇ	PREPARACION	BILANÇ	CONSOLIDACION
Lectura daus nombres jurcant'a 59		1	
Adicion: repertòri aditiu e calcul reflechit	A	2 3	1 a 3 p. 68
Diesenas e unitats: gropaments per 10	B	4 5	4 a 7 p. 68-69
Comparason de nombres	C	6 7	8 a 10 p. 69

Apreste lo bilanç

A L'ORAU

A

$6 + 7 = ?$

B

C

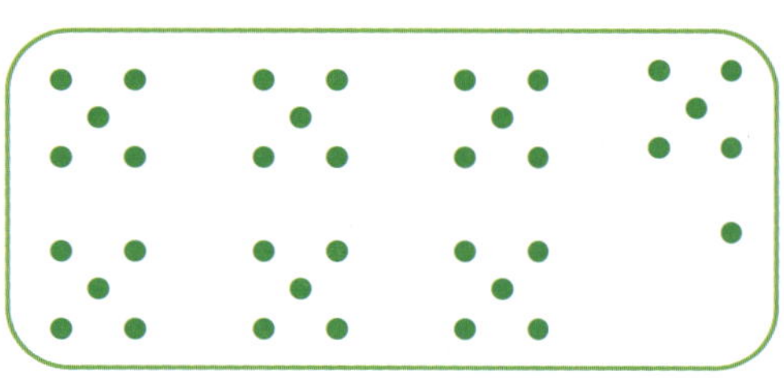

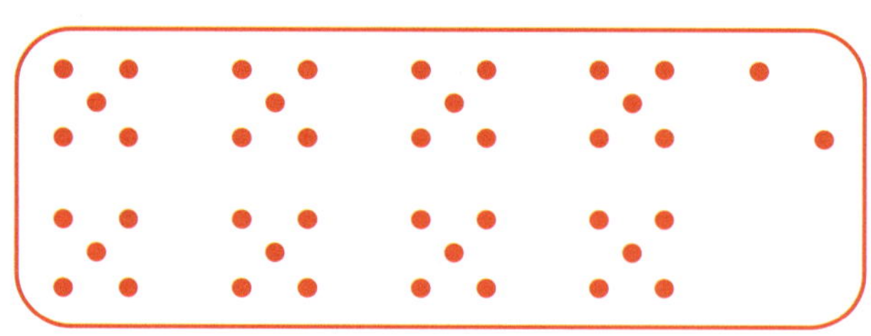

Data :

Fau lo bilanç

1 **Escrís** los nombres. p. 68 1 a 3

a ____ b ____ c ____ d ____ e ____ f ____

2 **Escrís** las responsas. p. 68 1 a 3

a ____ b ____ c ____ d ____ e ____ f ____

3 **Completa.** Pòdes t'aidar daus resultats escrichs sus l'ardesa. p. 68 1 a 3

$5 + 5 = 10$
$6 + 6 = 12$
$7 + 7 = 14$

$6 + 5 =$	$5 + 7 =$	$8 + 6 =$ ....
$5 + 4 =$	$6 + 7 =$	$7 + 5 =$ ....
$7 + 9 =$	$7 + 8 =$	$5 + 8 =$ ....

4 **Escrís** lo nombre de punts dessenhats per Artus. p. 68-69 4 a 7

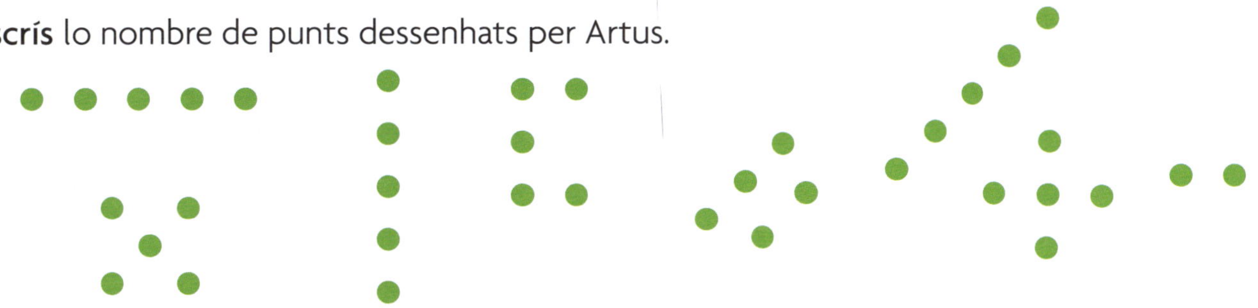

Artus a dessenhat .... punts.

5 **Entora** nonmàs çò que fau de punts per ne'n aver 50. p. 68-69 4 a 7

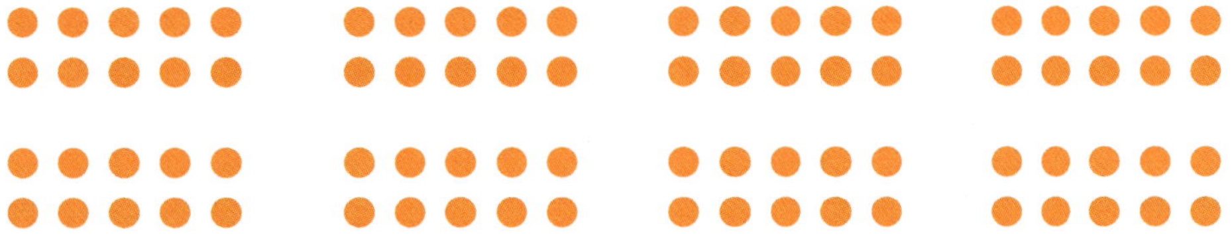

6 **Escrís** los nombres de l'ardesa dins las casas voidas.
Deven èsser renjats dau mai pitit au mai grand. p. 69 8 a 10

19 60 24 51 37

| ...... | ...... | ...... | 41 | ...... | ...... |

7 **Barra** las etiquetas que son faussas. p. 69 8 a 10

$49 < 60$ $71 > 28$ $43 > 52$ $36 < 54$ $79 < 70$

Consolide mas coneissenças

1 **Colòria** las cartas que chascun deu chausir per aver lo nombre marcat dins la cibla.

6	3	5	2	8
5	1	2	5	4
4	7	5	2	4

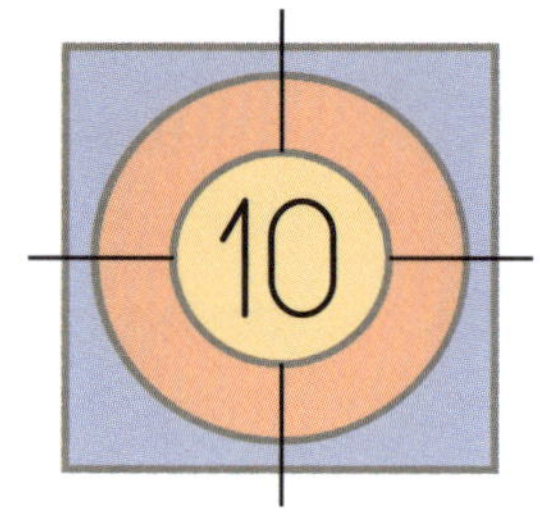

2 **Espiá e completa.**

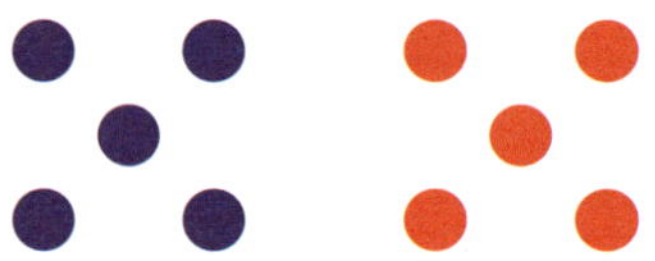

5 + 5 = ...
5 + 6 = ...
6 + 5 = ...

5 + 7 = ...
6 + 6 = ...
6 + 7 = ...

3 **Espiá e completa.**

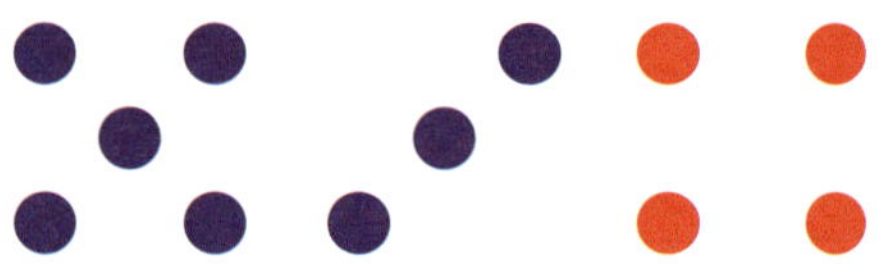

8 + 4 = ...
8 + 5 = ...
9 + 4 = ...

4 + 8 = ...
8 + 6 = ...
6 + 8 = ...

4 **Escrís** lo nombre de dets levats.

......

5 **Escrís** lo nombre de dets levats.

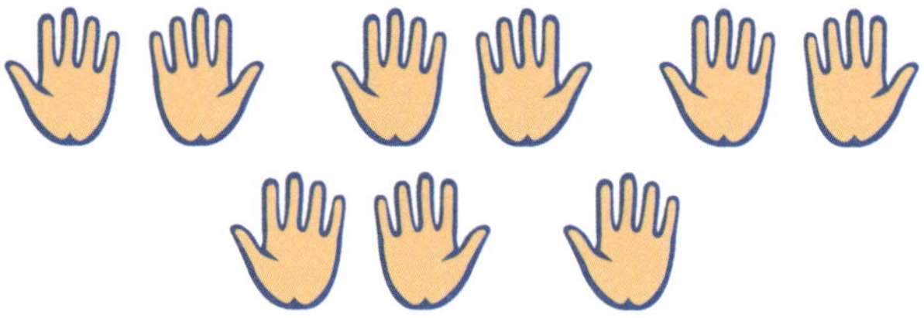

......

6 **Escrís** lo nombre de dets levats.

......

7 **Escrís** quantben d'òs a Gribolha.

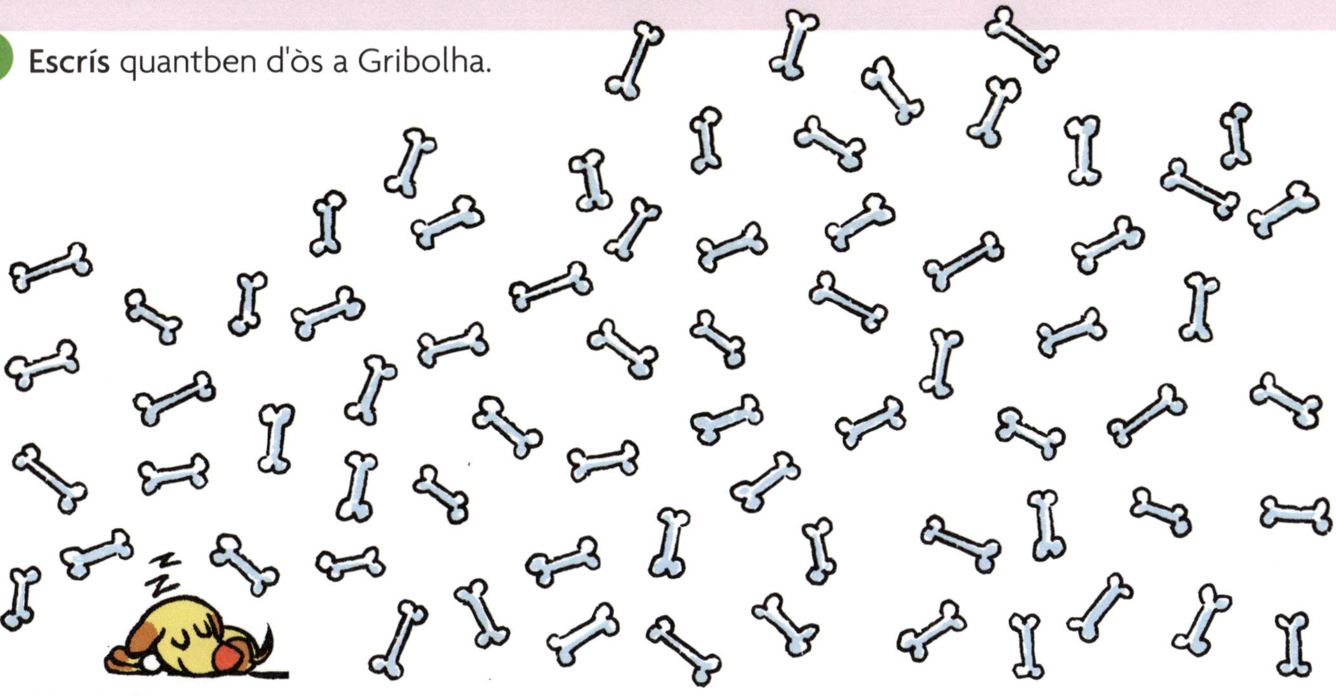

Gribolha a .... òs.

8 **Escrís** los nombres que mancan dins las casas blúias.
Deves pas escriure los autres nombres.

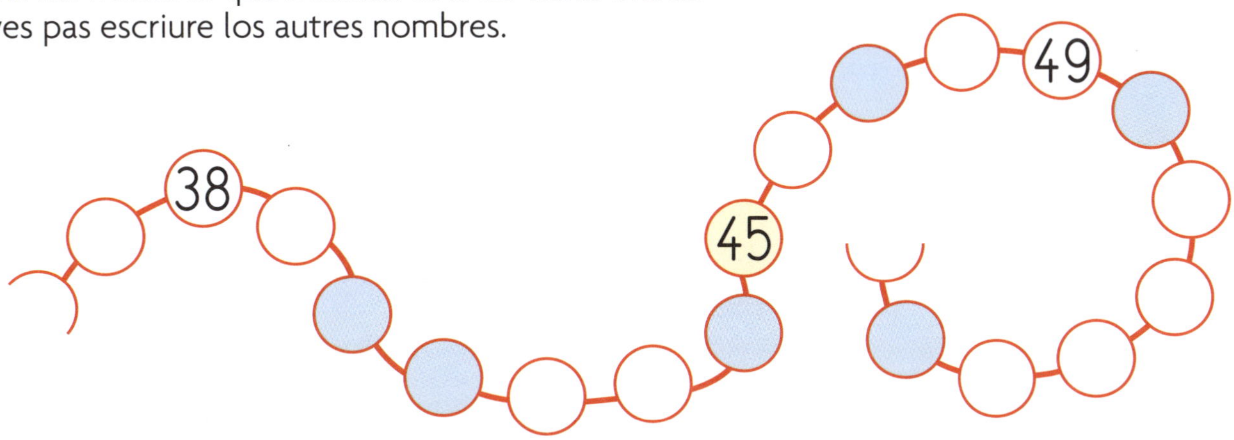

9 **Completa** emb < o >.

30 19	50 10	38 50	70 60
54 48	81 90	70 7	36 63

10 **Escrís** los nombres de la bendairòla dins las casas voidas.

Deven èsser renjats dau mai pitit au mai grand.

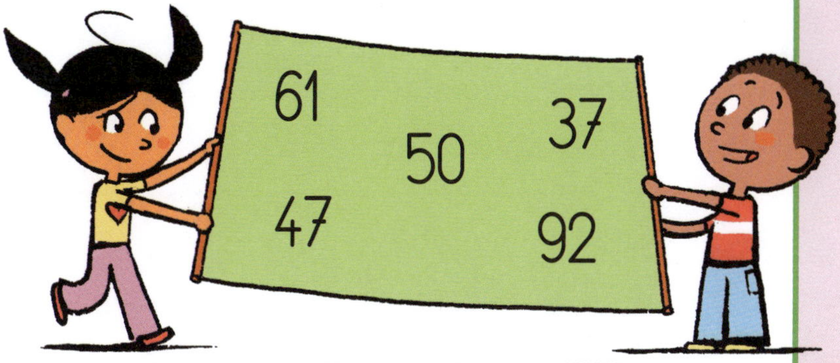

32	......	44	......	......	53	......	76	......

Juega coma Gribolha

Daus bonbons

Artus, Zoe e Gribolha vòlen se partatjar tots quilhs bonbons.
Chascun vòu aver tant de bonbons coma los autres.
Pòden pas desseparar los bonbons que son dins una mesma casa.

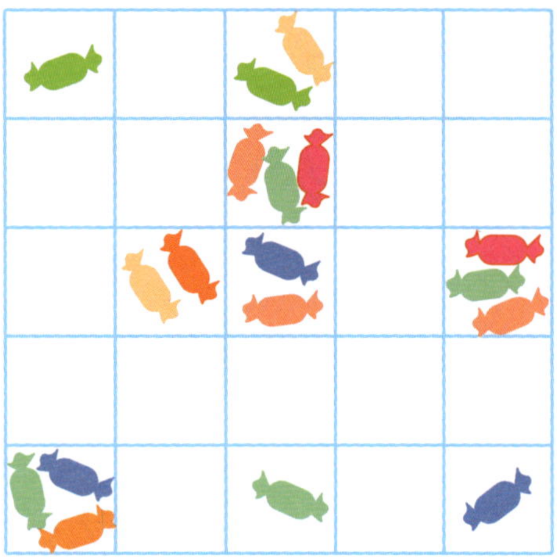

Aida Artus, Zoe e Gribolha. **Colòria** :

– en rosseu, las casas que deu chausir Artus ;
– en blu, las casas que deu chausir Zoe ;
– en roge, las casas que deu chausir Gribolha.

A l'aclachat

Gribolha a cachat quauqua ren... mas qué ?
Per zo saber, **liga** los punts de 2 en 2 o ben 'tot de 10 en 10.
A la fin, **traça** lo trach que liga 54 a 2.

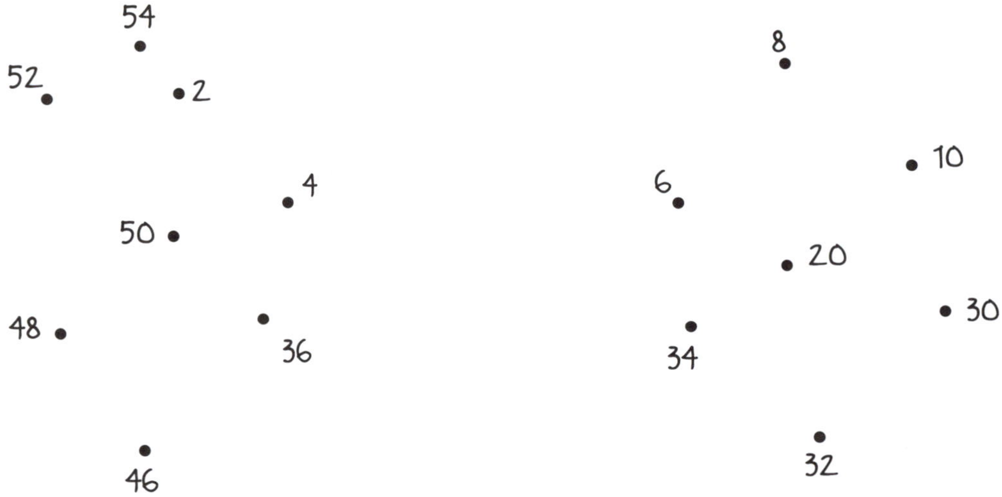

Data : ....

GUIDE ▶ SESILHA 1			
	ACTIVITATS	COLLECTIU	INDIVIDUAU
Calcul mentau	Problemas dictats : adicion, complement	✓	1
Revisar	Problemas escrichs : adicion,complement		2 3
Aprener	La monuda (1 €, 2 €, 5 €, 10 €)	✓	4 5

Problemas dictats

1 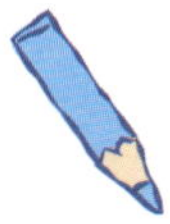 Gribolha a cachat ...... gredons

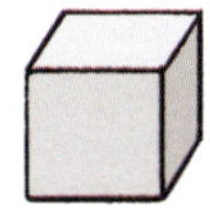 I a ...... cubes dins la bóitia.

Problemas escrichs

2 Artus a sarrat totas sas pitas veituras dins de las bóitias. A escrich lo nombre de veituras botadas dins chasca bóitia.

Quantben de veituras Artus a-t-eu sarradas ?

Artus a sarrat .... veituras.

3 Dins quela bóitia, i aviá 12 perlas.
Zoe ne'n a surtit 3.

Quantben demòra-t-eu de perlas dins la bóitia ?

Demòra ...... perlas dins la bóitia.

Monuda

4 **Entora en roge** la deniairòla que Artus pòt eschamjar contre son bilhet.
Entora en verd la deniairòla que Zoe pòt eschamjar contre tot son argent.

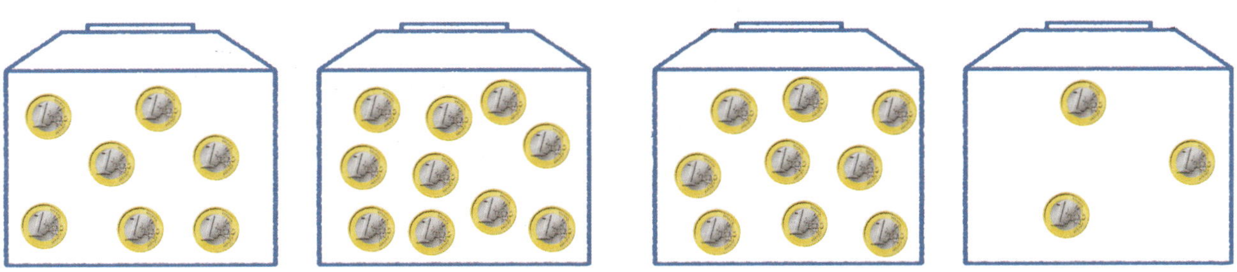

5 **Entora** la deniairòla de lo qu'a lo mai d'argent.

Data : ....

GUIDE ▶ SESILHA 2			
ACTIVITATS		COLLECTIU	INDIVIDUAU
Nombres dictats	Nombres dictats (jurcant'a 59)	✓	1
Revisar	Comparason de nombres		2 3
Aprener	Adicion, sostraccion (biais ordinau)	✓	4

Nombres dictats

1 a ..... b ..... c ..... d ..... e ..... f .....

Comparar daus nombres

2 **Entora** lo mai pitit daus dos nombres.

8 25 — 47 39 — 70 40 — 37 69 — 90 78

3 **Completa** emb los signes < o >.

28 32	70 59	45 54
72 27	60 16	91 72
7 70	71 17	50 60

En avant, en arrier

4 **Completa.**

Lo pion de chascun es sus la casa 8.

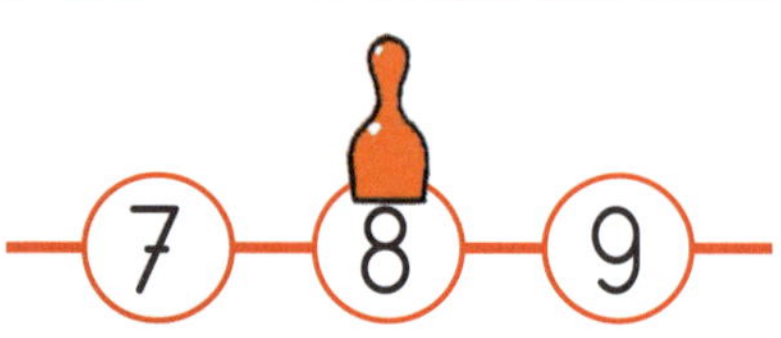

Artus tira quela carta :

Avançar de 3 →

Son pion 'ribará sus la casa ....

Zoe tira quela carta :

Avançar de 5 →

Son pion 'ribará sus la casa ....

Gribolha tira quela carta :

Cuòlar de 5 ←

Son pion 'ribará sus la casa ....

Data : ______________________

GUIDE ▶ SESILHA 3			
	ACTIVITATS	COLLECTIU	INDIVIDUAU
Calcul mentau	Repertòri aditiu (jurcant'a 12)	✓	1
Revisar	Seguida daus nombres jurcant'a 99	✓	2
Aprener	Adicion, sostraccion (biais ordinau)	✓	3 a 5

Calculs dictats

1 a ____ b ____ c ____ d ____ e ____ f ____

Seguida daus nombres

2 Permieg quilhs nombres, ne'n i a 5 que se seguen. **Colòria-los.**

77 89 69 78 80 91 79 81 90 75

En avant, en arrier

3 **Completa** la carta que Artus deu utilizar per far passar lo pion de la casa 3 a la casa 8. **Barra** la que fai pas mestier.

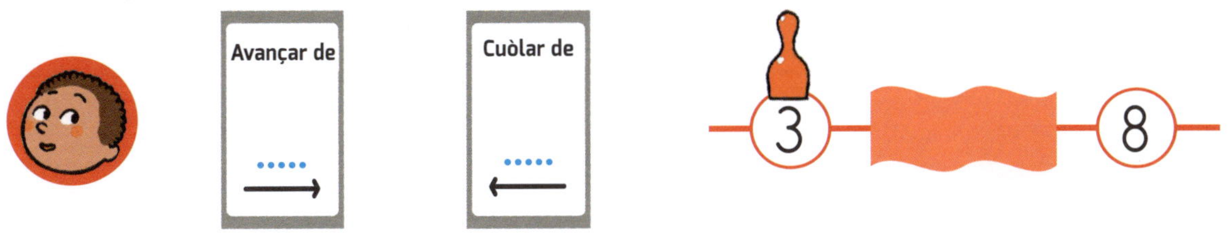

4 **Completa** la carta que Zoe deu utilizar per far passar lo pion de la casa 6 a la casa 3. **Barra** la que fai pas mestier.

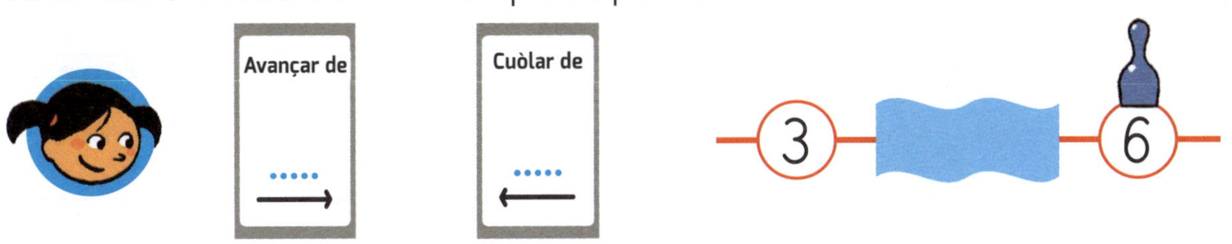

5 **Completa** la carta que Gribolha deu utilizar per far passar lo pion de la casa 12 a la casa 7. **Barra** la que fai pas mestier.

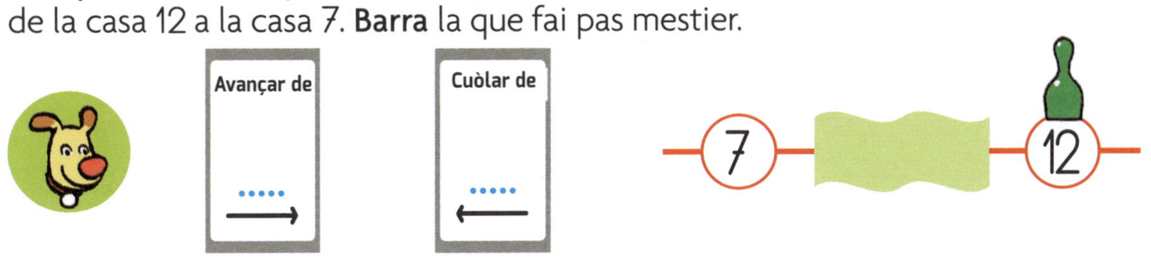

Data : ____________________

GUIDE ▶ SESILHA 4 Activitats nonmàs dins lo guide
GUIDE ▶ SESILHA 5

	ACTIVITATS	COLLECTIU	INDIVIDUAU
Calcul mentau	Problemas dictats : complement	✓	1
Revisar	Problemas escrichs : complement		2 3
Aprener	Diesenas, unitats e seguida de nombres	✓	4 5

Problema dictat

1

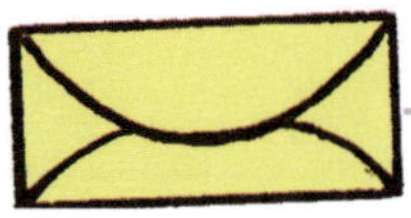

I a ...... fotòs de Zoe.

Problemas escrichs

2 Dins quela envelòpa, i a 7 fotòs per Artus.
Zoe ne'n vòu envoiar 10.
Escrís quantben de fotòs Zoe deu enquera botar dins l'envelòpa.

Zoe deu enquera botar .... fotòs dins l'envelòpa.

3 Dins una autra envelòpa, i a 2 fotòs per Zoe.
Artus ne'n vòu envoiar 10.
Escrís quantben de fotòs Artus deu enquera botar dins l'envelòpa.

Artus deu enquera botar......... fotòs dins l'envelòpa.

Diesenas e unitats

4 **Escrís** çò qu'afichan los comptadors de Zoe e de Artus si ajostam 1 a chasque còp.

5 Completa.

8 —(+ 1)→ ..... —(+ 10)→ ..... —(+ 1)→ ..... —(+ 10)→ ..... —(+ 10)→ ..... —(+ 1)→ ..... —(+ 10)→ ..... —(+ 10)→ .....

Data :

GUIDE ▶ SESILHA 6			
	ACTIVITATS	COLLECTIU	INDIVIDUAU
Calcul mentau	Repertòri aditiu (jurcant'a 14)	✓	1
Revisar	Descompausicion de 12 sos fòrma de somas	✓	2
Aprener	Diesenas e unitats : conversions	✓	3 4

Calculs dictats

1 a ____ b ____ c ____ d ____ e ____ f ____

Descompausar 12

2 **Colòria** las cartas que chascun deu chausir per obtener lo nombre marcat dins la cibla.

4 2 5 7 5

2 4 3 4 5

1 2 3 4 6

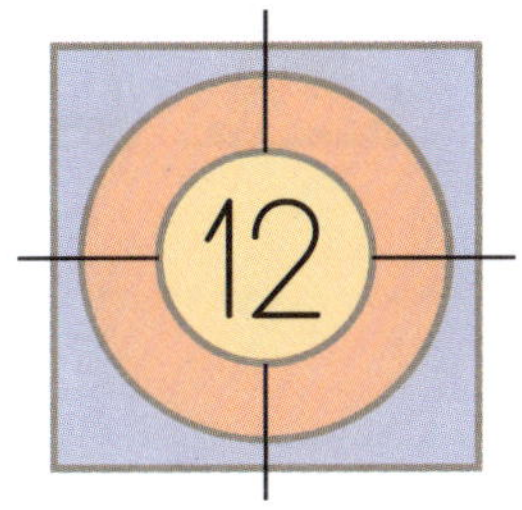

Diesenas e unitats

3 **Escrís** quantben chascun a d'estelas.

Mas estelas
1 diesena e 17 unitats

Zoe a .... estelas.

Mas estelas
2 diesenas e 10 unitats

Artus a .... estelas.

4 **Entora** en blu la carta que a lo mai d'estelas.
Entora en roge la carta que a lo mens d'estelas.

Mas estelas	Mas estelas	Mas estelas
2 diesenas e 14 unitats	1 diesena e 20 unitats	32 unitats

GUIDE ▶ BILANÇ	PREPARACION	BILANÇ	CONSOLIDACION
Nombres en chifras jurcant'a 59		1	
Repertòri aditiu jurcant'a 14		2 3	1 2 p. 78
Adicion, sostraccion : biais ordinau	A	4	3 a 5 p. 78
Diesenas e unitats e seguida daus nombres	B	5 6	6 7 p. 79
Diesenas e unitats : conversions	C	7	8 a 10 p. 79

Apreste lo bilanç

A L'ORAU

A Artus e Zoe parten de 5. Artus cuòla de 3. Zoe avança de 2.

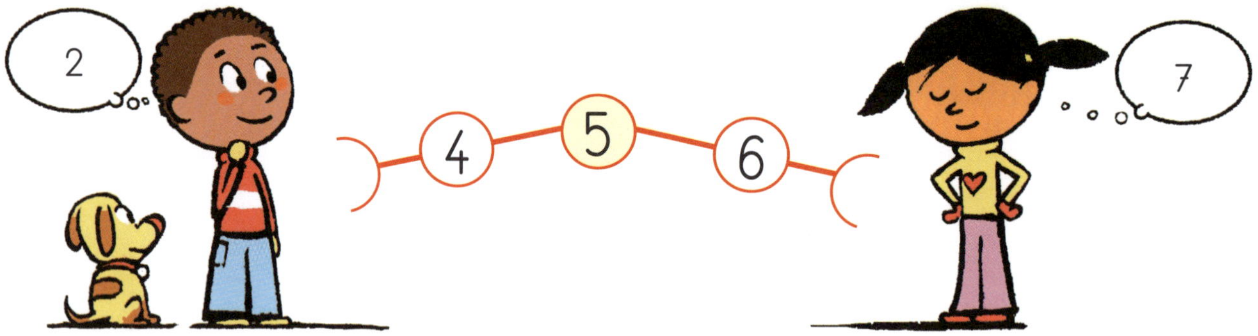

B

C

Mas estelas

◆

2 diesenas e 14 unitats

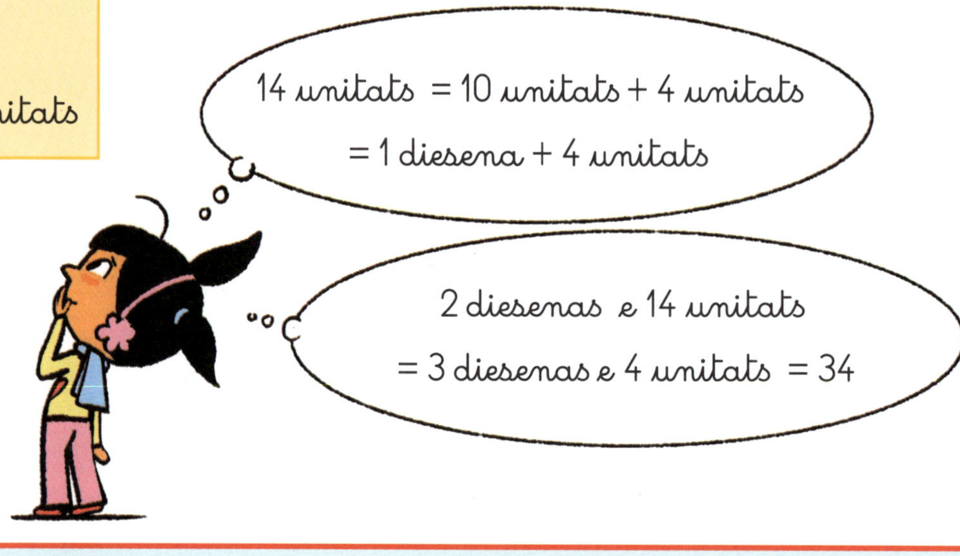

Data : ____________________

Fau lo bilanç

1 **Escrís** los nombres dictats. p. 78 1 2

a ____ b ____ c ____ d ____ e ____ f ____

2 **Escrís** los resultats daus calculs dictats. p. 78 1 2

a ____ b ____ c ____ d ____ e ____ f ____

3 **Completa.** p. 78 1 2

9 + 3 = ... | 5 + 6 = ... | 7 + 7 = ...

2 + 8 = ... | 6 + 8 = ... | 5 + 9 = ...

4 **Completa.** p. 78 3 a 5

- Parte de 8, avance de 4, 'riebe a ....
- Parte de 10, cuòle de 3, 'riebe a ....
- Per anar de 5 a 9, fau avançar de ....
- Per anar de 10 a 1, fau cuòlar de ....

5 **Escrís** çò qu'aficha lo comptador de Gribolha si òm ajosta 1 a chasque còp. p. 79 6 7

6 **Completa.** p. 79 6 7

0 →(+ 10) ..... →(+ 1) ..... →(+ 1) ..... →(+ 1) ..... →(+ 1) ..... →(+ 10) ..... →(+ 10) ..... →(+ 10) .....

7 →(+ 10) ..... →(+ 10) ..... →(+ 1) ..... →(+ 1) ..... →(+ 10) ..... →(+ 1) ..... →(+ 10) ..... →(+ 1) .....

7 **Completa.** p. 79 8 a 10

- 2 diesenas = ... unitats
- 1 diesena e 16 unitats = ... unitats
- 1 diesena e 10 unitats = ... unitats
- 2 diesenas e 11 unitats = ... unitats

Consolide mas coneissenças

1 **Colòria** las cartas que chascun deu chausir per obtener lo nombre marcat dins la cibla.

6	3	5	2	8
5	1	2	5	4
4	7	5	2	4

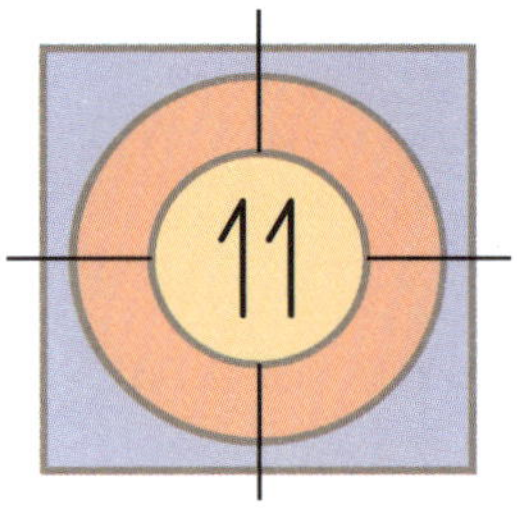

2 **Completa** de diferents biais.
Pòdes nonmàs utilizar daus nombres mai pitits que 10.

12 = ... + ... 12 = ... + ... 12 = ... + ... 12 = ... + ...

14 = ... + ... 14 = ... + ... 14 = ... + ... 14 = ... + ...

3 Zoe avança son pion mai d'un còp de 5 casas. Deu pas despassar 17.
Sus quela casa son pion vai-t-eu se 'restar ? **Completa.**

Avançar de 5 →

Son pion vai se 'restar sus la casa ....

4 Artus cuòla son pion mai d'un còp de 3 casas. Deu pas despassar 3.
Sus quala casa son pion vai-t-eu se 'restar ? **Completa.**

Cuòlar de 3 ←

Son pion vai se 'restar sus la casa ....

5 **Completa** la carta que Gribolha deu utilizar per far passar lo pion de la casa 14 a la casa 9. **Barra** la que fai pas mestier.

Avançar de ..... →

Cuòlar de ..... ←

6 Completa.

0 $\xrightarrow{+10}$ ..... $\xrightarrow{+10}$ ..... $\xrightarrow{+10}$ ..... $\xrightarrow{+10}$ ..... $\xrightarrow{+10}$ ..... $\xrightarrow{+10}$ ..... $\xrightarrow{+10}$ ..... $\xrightarrow{+10}$ .....

0 $\xrightarrow{+10}$ ..... $\xrightarrow{+1}$ ..... $\xrightarrow{+1}$ ..... $\xrightarrow{+10}$ ..... $\xrightarrow{+10}$ ..... $\xrightarrow{+10}$ ..... $\xrightarrow{+1}$ ..... $\xrightarrow{+1}$ .....

7 Completa.

4 $\xrightarrow{+10}$ ..... $\xrightarrow{+10}$ ..... $\xrightarrow{+10}$ ..... $\xrightarrow{+10}$ ..... $\xrightarrow{+10}$ .....

5 $\xrightarrow{+1}$ ..... $\xrightarrow{+10}$ ..... $\xrightarrow{+10}$ ..... $\xrightarrow{+1}$ ..... $\xrightarrow{+1}$ ..... $\xrightarrow{+1}$ ..... $\xrightarrow{+1}$ ..... $\xrightarrow{+10}$ .....

8 **Escrís** lo nombre de timbres de Artus.

Artus a
.... timbres.

9 **Escrís** lo nombre de timbres de Zoe.

Zoe a
.... timbres.

10 **Liga** las etiquetas que pòrtan lo mesme nombre.

3 diesenas e 1 unitat

2 diesenas e 11 unitats

21

31

1 diesena e 21 unitats

1 diesena e 11 unitats

Emb la monuda

1

Quantben còsta lo juec 'chaptat per Artus ?

Lo juec còsta ...... euros.

2

Quau es lo pretz de las lunetas ?

Lo pretz de las lunetas es ...... euros.

3 **Entora** los bilhets e las peças que fau chausir per paiar exactament la pita veitura.

4★ Qui pòt 'chaptar la pita veitura, en paiar exactament son pretz ?
Entora los bilhets que chascun deu prener dins sa deniairòla.
Barra lo personatge que pòt pas paiar lo pretz exact.

Data : ____________________

GUIDE ▶ SESILHA 1 GUIDE ▶ SESILHA 2	Activitats nonmàs dins lo guide		
	ACTIVITATS	COLLECTIU	INDIVIDUAU
Calcul mentau	Problemas dictats : adicion, sostraccion	✓	1
Revisar	Problemas escrichs : sostraccion		2
Aprener	Repertòri aditiu (jurcant'a 18)	✓	3 4

Problemas dictats

1

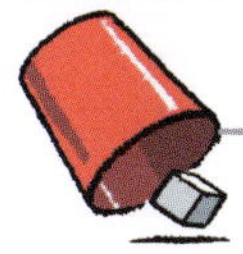 ______  ______ 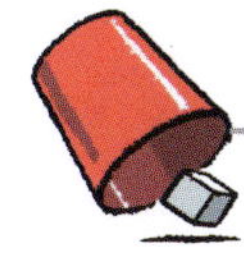 ______

Problemas escrichs

2 Artus, Zoe e Gribolha lançan un dat e **cuòlan** lor pion.
Escrís lo nombre ente 'rieban.

Lo pion serà sus ......

Lo pion serà sus ......

Lo pion serà sus ......

Repertòri aditiu

3 **Entora** los personatges qu'an obtengut 14 punts en tot.

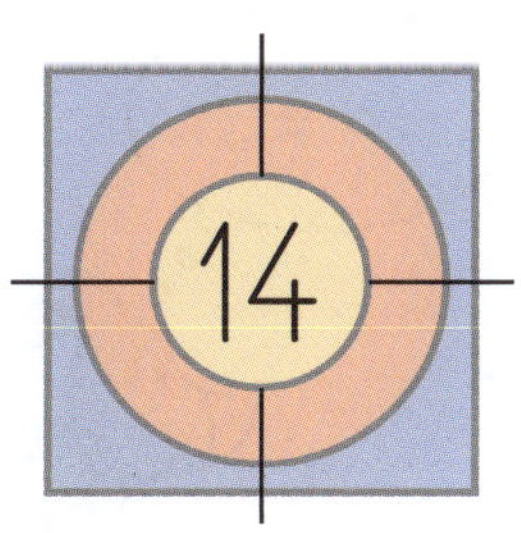

	6	3	5	
	4	4	4	4
	8	6		

4 **Completa** chasca seria de cartas per obtener 16 punts en tot.

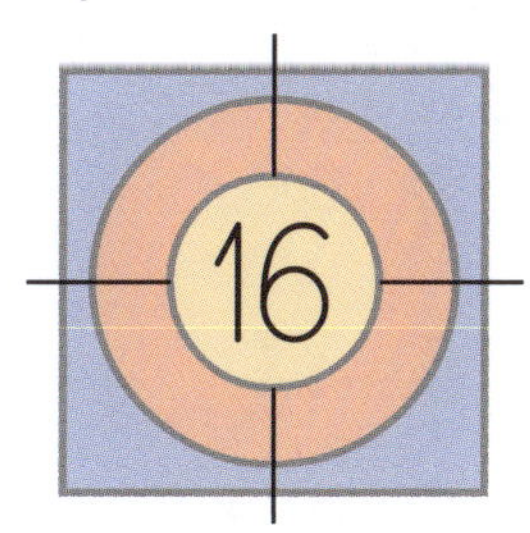

	9	......	
	6	6	......
	7	4	......

Data : ....

GUIDE ▶ SESILHA 3	ACTIVITATS	COLLECTIU	INDIVIDUAU
Calcul mentau	Repertòri aditiu : complements e diferenças	✓	1
Revisar	Somas egalas	✓	2
Aprener	Repertòri aditiu (jurcant'a 18)	✓	3 a 5

Calculs dictats

1 a ..... b ..... c ..... d ..... e ..... f .....

Somas egalas

2 **Liga** las etiquetas que pòrtan de las somas egalas.

7 + 6 | 4 + 3 + 5 | 5 + 4 + 3 | 3 + 7 + 3 | 6 + 2 + 5 | 5 + 7

Repertòri aditiu

3 **Completa.**

4 + 4 + 4 = ...
7 + 8 + 4 = ...
5 + 8 = ...
9 + 5 + 4 = ...
6 + 5 + 4 = ...
5 + 6 + 7 = ...

4 **Entora** las egalitats que son justas.
Barra las autras.

9 + 8 = 16
6 + 6 + 5 = 17
4 + 5 + 7 = 11 + 5
8 + 4 + 7 = 19
6 + 6 + 6 = 16
4 + 7 + 6 = 3 + 4 + 6 + 4

5 **Escrís** doas somas en utilizar quilhs nombres.
Lo resultat deu èsser egau a 17.

5 9 5 7 8

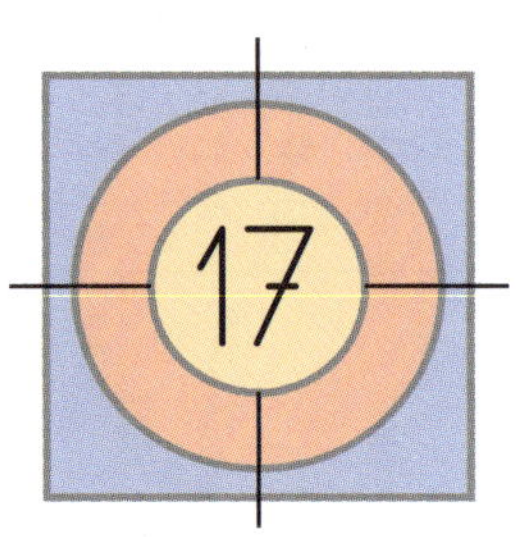

.... = 17
.... = 17

Data : ______________________

GUIDE ▶ SESILHA 4			
	ACTIVITATS	COLLECTIU	INDIVIDUAU
Calcul mentau	Repertòri aditiu : complements e diferenças	✓	1
Revisar	Comparason de somas		2 3
Aprener	Tableu daus nombres	✓	4

Calculs dictats

1 a ____ b ____ c ____ d ____ e ____ f ____

Comparar de las somas

2 **Completa** emb = o ≠.

$6 + 8$ .... $8 + 6$ | $7 + 8$ .... $4 + 7 + 4$ | $4 + 8 + 6$ .... $5 + 8 + 5$

$7 + 5$ .... $7 + 3$ | $9 + 6$ .... $6 + 5 + 5$ | $7 + 7 + 7$ .... $5 + 5 + 8$

3 **Completa** emb = o < o >.

$9 + 7$ .... $8 + 5$ | $9 + 8$ .... $4 + 8 + 5$ | $7 + 9 + 3$ .... $10 + 4 + 9$

$9 + 6$ .... $8 + 7$ | $12 + 9$ .... $6 + 7 + 6$ | $9 + 9 + 9$ .... $10 + 9 + 8$

Tableu daus nombres

4 **Escrís** quilhs nombres a lor plaça dins lo tableu.

38 75 82 33 65 35 97 29 80 72

									9
	11						17		
			23						
									39
40					45				
	61								
				74					
						86			
		92							

Data : ______________________

GUIDE ▶ SESILHA 5			
	ACTIVITATS	COLLECTIU	INDIVIDUAU
Calcul mentau	Problemas dictats : adicion, sostraccion	✓	1
Revisar	Problemas escrichs : sostraccion		2
Aprener	Tableu daus nombres	✓	3

Problemas dictats

1

Problemas escrichs

2 Artus, Zoe e Gribolha lançan lo dat e cuòlan lor pion.
Escrís lo nombre ente 'rieban.

Lo pion será sus ......

Lo pion será sus ......

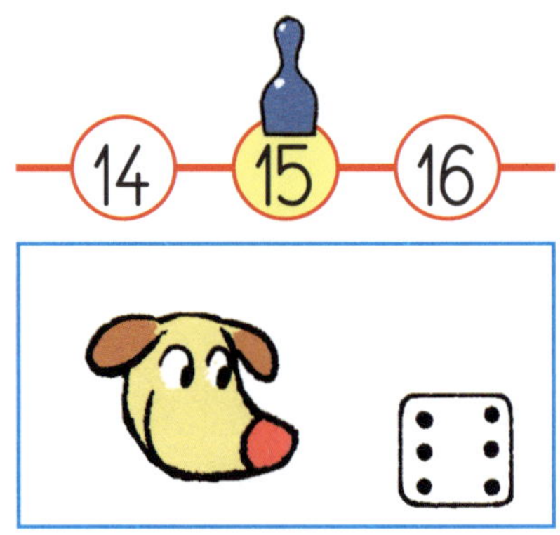

Lo pion será sus ......

Tableu daus nombres

3 **Escrís** los nombres dins las casas verdas.

0	1	2		4	5	6		8	9
				14	15	16	17	18	19
				24					
				34					
				44					
50	51	52	53	54					
				74			77		79
80				84	85				89
		92		94	95	96	97		99

Data : ....

GUIDE ▶ SESILHA 8 GUIDE ▶ SESILHA 9	Activitats nonmàs dins lo guide		
ACTIVITATS		COLLECTIU	INDIVIDUAU
Nombres dictats	Jurcant'a 59	✓	1
Revisar	Desnombrament e unitats de numeracion		2 3
Aprener	Calcul sus las diesenas	✓	4 5

Nombres dictats

1 a ...... b ...... c ...... d ...... e ...... f ......

Desnombrament

2 **Entora** en roge 3 diesenas de perlas.

3 **Entora** en blu 34 perlas.

Calcul sus las diesenas

4 **Completa.**

60 = 10 + 30 + ...

90 = 30 + 30 + ...

60 = 40 + 10 + ...

80 = 40 + ... + 20

70 = 10 + ... + 10 + 10

70 = 30 + ... + 10

5 **Entora** los bilhets que fau per obtenir la soma d'argent indicada.

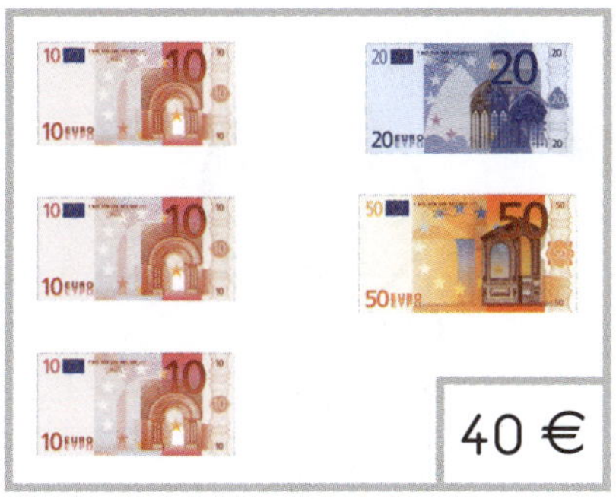

40 €

60 €

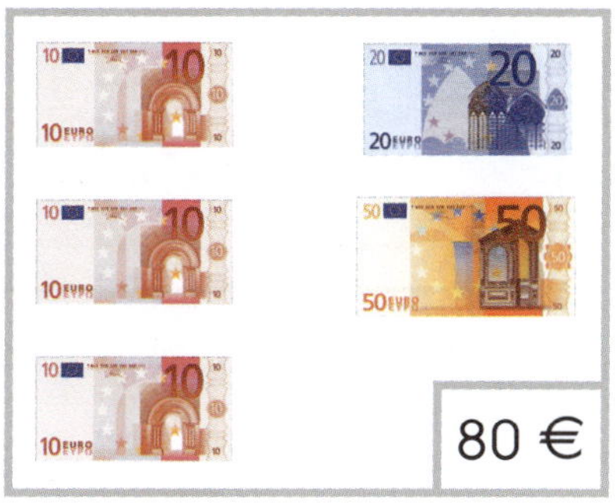

80 €

GUIDE ▶ BILANÇ	PREPARACION	BILANÇ	CONSOLIDACION
Repertòri aditiu (jurcant'a 18)	A	1 2	1 p. 88
Tableu daus nombres jurcant'a 99	B	3	2 p. 88
Calcul sus las diesenas	C	4 5	3 4 p. 88

Apreste lo bilanç

A L'ORAU

A

4 + … = 12

B

C

40 + 30 = ?

Data : ______________________________

Fau lo bilanç

1 **Escrís** los resultats daus calculs dictats. p. 88 1

a ____ b ____ c ____ d ____ e ____ f ____

2 **Completa.** Pòdes utilizar ton repertòri. p. 88 1

8 + ... = 10	3 + ... = 10	10 + ... = 13	10 + ... = 18
5 + ... = 13	8 + ... = 17	9 + ... = 16	.... + 4 = 12

3 **Escrís** los nombres dins las casas verdas. p. 88 2

Puei, escrís a la bona plaça :

7 62 99 30 55

				24					
								38	
50									
						66			
			93						

4 **Completa.** p. 88 3 4

20 + 30 = ... | 10 + 20 + 30 = ... | 40 + 20 + 30 = ...

5 **Entora** los bilhets que fau per obtener la soma d'argent indicada. p. 88 3 4

30 €

70 €

Consolide mas coneissenças

1 Los sacs contenen de las paumas. Lo nombre de paumas es inscrich sus los sacs.
Entora los sacs que deves chausir per obtener lo bon nombre de paumas.

13

17

2 Dins lo tableu daus nombres, òm a cachat tots los nombres, manca dos.
Escrís tots los nombres de las casas rossas.

		22							
						46			

3 **Colòria :**

- 2 casas en rosseu per obtener un totau de 60 ;
- 3 casas en roge per obtener un totau de 70 ;
- 4 casas en blu per obtener un total de 90.

10	20	30	40	50	60
10	20	30	40	50	60
10	20	30	40	50	60
10	20	30	40	50	60

4 **Colòria** las cartas que chascun deu chausir per obtener lo nombre marcat dins la cibla.

	10	10	40	20
	40	30	30	10
	40	20	10	20

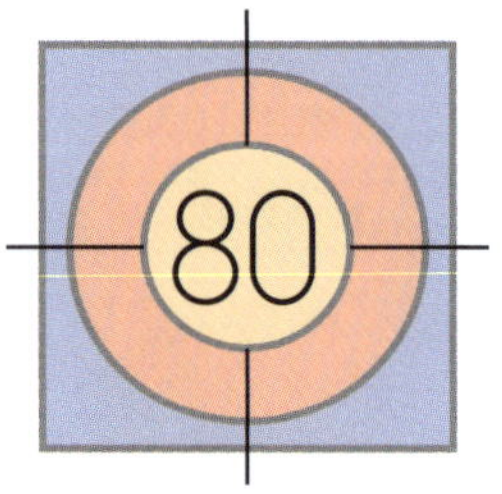

Los dimecres de Artus e de Zoe

1 **Quantben de z-uòus Zoe deu enquera 'chaptar ?**

Zoe deu enquera 'chaptar .... z-uòus.

---

2 Artus e Zoe parten coma lo centre de lesers. En tot, 56 dròlles deven partir.

I aurá-t-eu pro de plaças per tot lo monde ? Entora. òc non

---

3 Artus a pejat de las fotòs sus una granda fuelha.
A pejat 4 renjadas de fotòs. Dins chasca renjada, a plaçat 5 fotòs.

Quantben de fotòs Artus a-t-eu pejadas ?

Artus a pejat .... fotòs.

---

4 ★ Zoe a 8 bilhas e Artus a 12 bilhas.
Artus vòu ben balhar quauquas unas de sas bilhas a Zoe.
Entau, ne'n aurán exactamant lo mesme nombre.

Quantben de bilhas Artus deu-t-eu balhar a Zoe ?

Artus deu balhar .... bilhas a Zoe.

---

5 ★ Artus e Zoe an pres tots los biscuits qu'eran dins quela bóitia.
Zoe ne'n a pres 2 de mai que Artus.

Quantben Artus a-t-eu pres de biscuits ?
Quantben Zoe a-t-ela pres de biscuits ?

Artus a pres .... biscuits. *Zoe a pres .... biscuits.*

Data : ____________________

GUIDE ▶ SESILHA 1			
	ACTIVITATS	COLLECTIU	INDIVIDUAU
Calcul mentau	Problemas dictats : partatge en dos.	✓	1
Revisar	Problemas escrichs : partatge en dos.		2 3
Aprener	Escritura daus nombres en letras (jurcant'a 59)	✓	4 5

Problemas dictats

1 a  ____  ____ | b  ____  ____

Problemas escrichs

2 Tots quilhs cubes son per Artus e Zoe. Deven ne'n aver lo mesme nombre.

Quantben chascun aurá-t-eu de cubes ?

Artus aurá .... cubes.

Zoe aurá .... cubes.

3 Tots quilhs cubes son per Artus e Zoe. Deven ne'n aver lo mesme nombre.

Quantben chascun aurá-t-eu de cubes ?

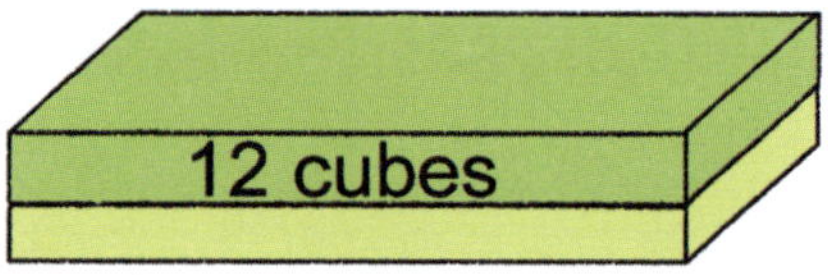

Artus aurá .... cubes.

Zoe aurá .... cubes.

Escritura daus nombres

4 **Liga** las doas escrituras dau mesme nombre.

trenta

cinquanta-tres

29

53

38

30

vint-e-nòu

trenta-uech

5 **Completa.**

exemple quinze : 15

quaranta-quatre : ....

cinquanta-un : ....

trenta-cinc : ....

57 : ....

40 : ....

48 : ....

53 : ....

Data : ____________________

GUIDE ▶ SESILHA 2	ACTIVITATS	COLLECTIU	INDIVIDUAU
Calcul mentau	Repertòri aditiu jurcant'a 14	✓	1
Revisar	Tableu daus nombres jurcant'a 99		2
Aprener	Diesenas e unitats : descompausicion daus nombres emb 10	✓	3

Calculs dictats

1 a ___ b ___ c ___ d ___ e ___ f ___

Tableu daus nombres

2 Zoe a començat d'emplir lo tableu daus nombres. Gribolha a fach de las tachas sus queu tableu. **Escrís** los nombres que mancan dins las casas rossas.

0	1		3	4			7		9
10		12						18	
									29
							47		
60									
80									
90		92			95				

Diesenas e unitats, descompausicions emb 10

3 **Liga** las etiquetas que corresponden au mesme nombre.

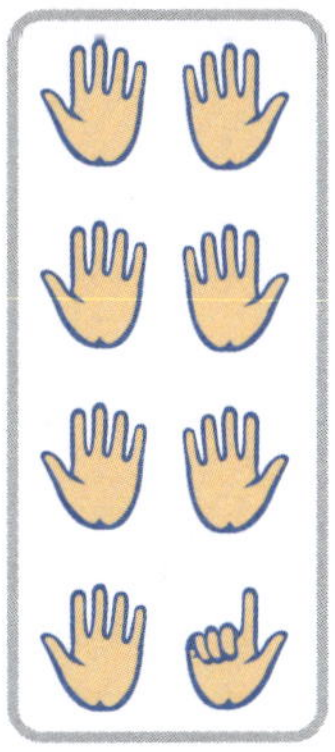

27

41

10 + 10 + 10 + 7

10 + 10 + 10 + 10 + 1

37

34

35

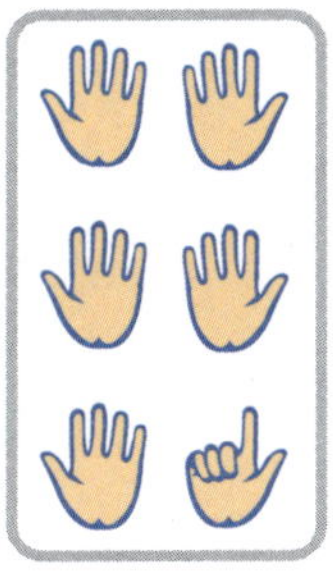

19

10 + 10 + 10 + 5

10 + 9

10 + 10 + 10 + 4

Data : ....

GUIDE ▶ SESILHA 3			
	ACTIVITATS	COLLECTIU	INDIVIDUAU
Calcul mentau	Repertòri aditiu jurcant'a 10	✓	1
Revisar	Comparason de somas	✓	2 3
Aprener	Diesenas e unitats : descompausicion de nombres emb 10	✓	4 a 6

Calculs dictats

1 a ..... b ..... c ..... d ..... e ..... f .....

Comparar de las somas

2 **Completa** emb = o < o >.

$8 + 7 + 1 + 8$ .... $8 + 8 + 8$

$11 + 10 + 7$ .... $17 + 9$

$15 + 17$ .... $10 + 15 + 7$

$9 + 9 + 9$ .... $9 + 8 + 7$

$12 + 12 + 12$ .... $12 + 12 + 9 + 3$

$13 + 13$ .... $8 + 5 + 7 + 7$

3 **Completa** per obtener de las egalitats.

$8 + 6 = 6 +$ ....

$14 + 9 =$ .... $+ 10 + 9$

$15 + 9 = 10 + 5 + 4 +$ ....

$10 + 7 = 7 + 5 +$ ....

$12 + 12 = 6 + 6 +$ .... $+ 6$

$7 + 16 = 8 + 5 +$ .... $+ 8$

Diesenas e unitats, descompausicions emb 10

4 **Liga** las etiquetas que corresponden au mesme nombre.

3 diesenas e 2 unitats

3 unitats e 2 diesenas

23

$2 + 10 + 10 + 10$

32

$10 + 3 + 10$

5 **Completa** las etiquetas blúias per que pòrten lo mesme nombre que l'etiqueta roja.

64 | 6 diesenas e .... | $10 + 10 + 10 + 10 + 10 +$ ...... + ...

6 **Completa** las etiquetas blúias per que pòrten lo mesme nombre que l'etiqueta roja.

5 unitats e 4 diesenas | .... | $10 + 5 + 10 + 10 +$ ......

Data : ______________________

GUIDE ▶ SESILHA 4

ACTIVITATS		COLLECTIU	INDIVIDUAU
Calcul mentau	Repertòri aditiu jurcant'a 16	✓	1
Revisar	Seguida daus nombres de 1 en 1, de 10 en 10		2 3
Aprener	Lectura daus nombres de 60 a 79	✓	4 5

Calculs dictats

1 a ___ b ___ c ___ d ___ e ___ f ___

Seguida daus nombres

2 Artus a començat d'escriure daus nombres que se seguen de 1 en 1. **Contunha.**

56 | 57 | 58 | ...... | ...... | ...... | ...... | ......

3 Zoe a començat d'escriure daus nombres que se seguen de 10 en 10. **Contunha.**

25 | 35 | 45 | ...... | ...... | ...... | ...... | ......

Lectura daus nombres de 60 a 79

4 **Liga** las etiquetas que corresponden au mesme nombre.

10 + 10 + 10 + 10 + 10 + 5

65

75

seissanta-quinze

seissanta-cinc

55

70 + 5

60 + 15

10 + 10 + 10 + 10 + 10 + 10 + 5

5 **Completa** coma dins l'exemple.

exemple: dotze → 12

seissanta-set → ______

seissanta-dietz-set → ______

seissanta-dietz → ______

Data : ____________________

GUIDE ▶ SESILHA 5			
	ACTIVITATS	COLLECTIU	INDIVIDUAU
Calcul mentau	Problemas dictats : adicion repetada	✓	1
Revisar	Problemas escrichs : adicion repetada		2 3
Aprener	Somas de dos nombres : calcul reflechit	✓	4 5

Problema dictat

1

I a .... fotòs dins la bóitia.

Problemas escrichs

2 Dins chasca envelòpa, i a 5 fotòs de Gribolha. Òm bòta totas quelas fotòs dins una bóitia. **Escrís** quantben i a de fotòs dins la bóitia.

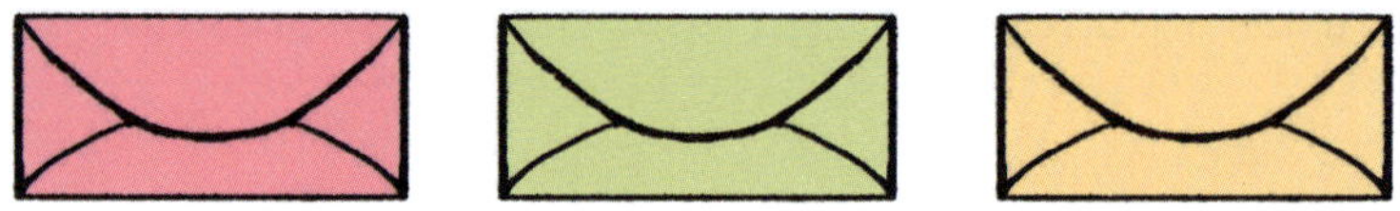

I a .... fotòs dins la bóitia.

3 Zoe a 4 envelòpas.
I a 5 fotòs dins chasca envelòpa.
Escrís quantben de fotòs a Zoe.

Zoe a .... fotòs.

Soma de dos nombres

4 **Calcula.** Serv-te dau metòde de ta chausida.

23 + 45

32 + 50

5 **Calcula.** Serv-te dau metòde de ta chausida.

35 + 35

23 + 17

Data :

GUIDE ▶ SESILHA 6			
	ACTIVITATS	COLLECTIU	INDIVIDUAU
Calcul mentau	Dobles e meitats	✓	1
Revisar	Nombre de diesenas		2 3
Aprener	Somas de dos nombres: calcul reflechit	✓	4

Calculs dictats

1 a ___ b ___ c ___ d ___ e ___ f ___

Nombre de diesenas

2 **Entora** las bóitias que Artus deu prener per aver 40 bilhas.

3 **Entora** las bóitias que Zoe deu prener per èsser segura d'aver 47 bilhas.
Deu prener lo mens possible de bóitias.

Somas de dos nombres

4 **Calcula.** Serv-te dau metòde de ta chausida.

29 + 34

43 + 9

46 + 24

58 + 40

GUIDE ▶ BILANÇ	PREPARACION	BILANÇ	CONSOLIDACION
Repertòri aditiu (jurcant'a 16)		1	1 a 3 p. 98
Lectura e escritura daus nombres jurcant'a 79	A	2 a 4	4 5 p. 98
Descompausicion daus nombres emb 10	B	4	5 6 p. 99
Somas de dos nombres mai pitits que 100	C	5	7 8 p. 99

Apreste lo bilanç

A L'ORAU

A

63 seissanta-tres 60 + 3

73 seissanta-tretze 60 + 13 70 + 3

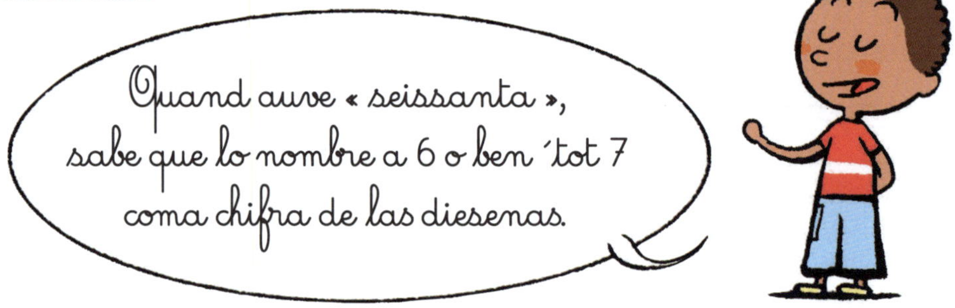

B

C

37 + 25 = ?

Data :

Fau lo bilanç

1 **Completa.**

p. 98 1 a 3

7 + 7 = ...	7 + 8 = ...	8 + 6 = ...	6 + 5 = ...
8 + 8 = ...	9 + 3 = ...	5 + 9 = ...	7 + 6 = ...

2 **Escrís** los nombres dictats.

p. 98 4

a ____ b ____ c ____ d ____ e ____ f ____

3 **Liga** las doas escrituras dau mesme nombre.

p. 98 4

seissanta-quatòrze

quaranta-set

74

47

64

seissanta-quatre

4 **Completa** coma dins l'exemple.

p. 99 5 6

exemple: quinze	15	10 + 5
quaranta-un		10 + 10 + 10 + 10 + 1
cinquanta-dos		
		10 + 8
		10 + 10 + 10 + 10 + 10 + 5

5 **Calcula.** Serv-te dau metòde de ta chausida.

p. 99 7 8

27 + 32

38 + 44

Consolide mas coneissenças

1 **Colòria** las cartas que chascun deu chausir per obtenir lo nombre marcat dins la cibla.

6 3 5 2 8

5 1 2 5 4

2 7 5 2 4

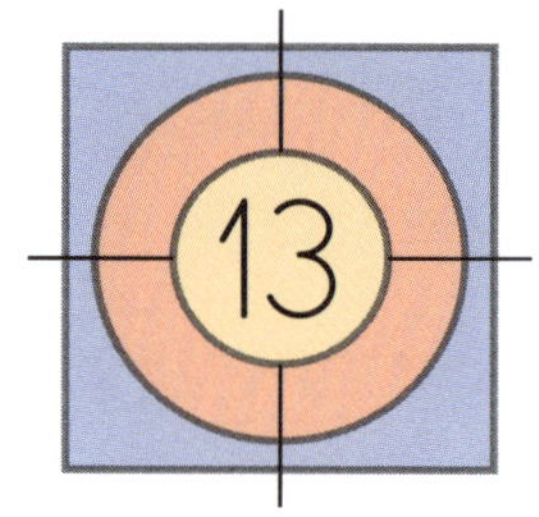

2

2 6 8

1 5

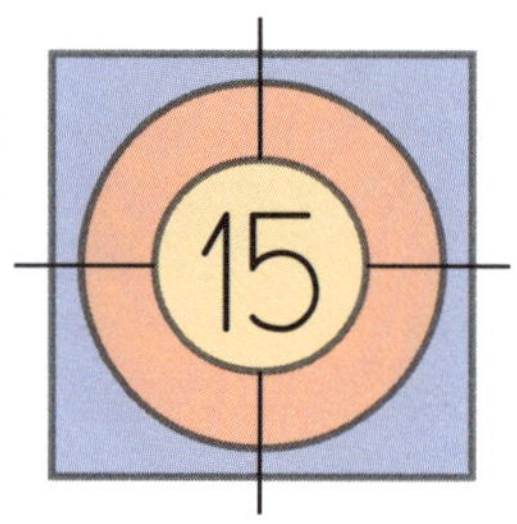

Escrís doas somas que permeten d'obtener lo nombre marcat dins la cibla en te servir daus nombres indicats sus las cartas.

....

....

3

2 6 7

8 9

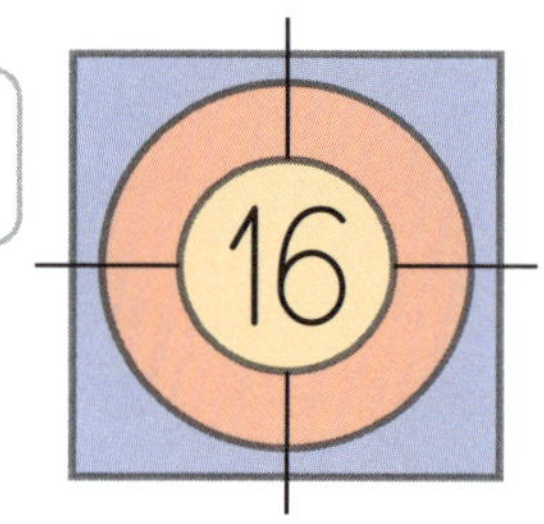

Escrís doas somas que permeten d'obtener lo nombre marcat dins la cibla en te servir daus nombres indicats sus las cartas.

....

....

4 **Liga** los mots per obtener lo nombre, coma dins l'exemple.

exemple

21: dietz — un — e — vint

54: cinc — quaranta — cinquanta — quatre

41: quaranta — un — e — quatre

78: dietz — uech — set — seissanta

65: sieis — seissanta — cinc — quinze

73: seissanta — tretze — set — tres

5 **Completa** coma dins l'exemple.

exemple: vint-e-dos	22	10 + 10 + 2
seissanta-dietz		
seissanta-dietz-set		
		10 + 10 + 10 + 10 + 10 + 10 + 8
		10 + 10 + 10 + 10 + 10
	44	
	78	
	73	

6 **Quantben** de flors Zoe a-t-ela dessenhadas ?

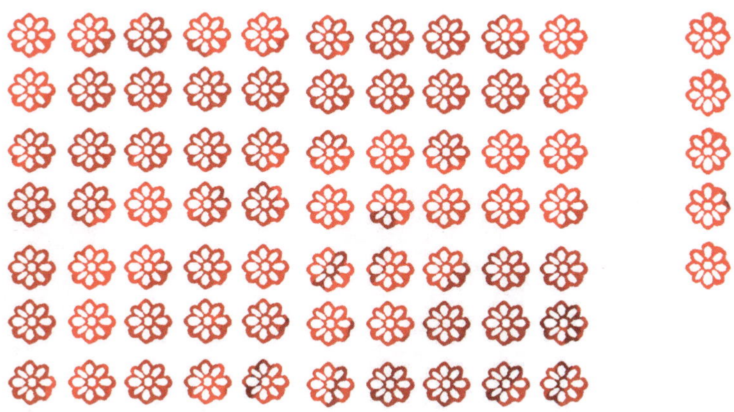

Escrís la responsa en chifras : .... en letras : ....

7 Dins una pita escòla, i a 24 dròlles e 27 dròllas.
Quantben i a-t-eu d'escolans dins quela escòla ?

I a .... escolans dins quela escòla.

8 **Calcula** emb lo metòde de ta chausida.

45 + 36

73 + 17

54 + 36

Juega coma Gribolha

Coma los Romans

I a plan longtemps, los Romans an enginhat un sistema per escriure los nombres.

Zoe a trobat un libre ancian ente los nombres son escrichs emb de las chifras romanas. Ela essàia de comprener.

A conegut *dos*: coma dos dets levats.

A tanben conegut *cinc*: coma una man druberta.

E tanben *dietz*: coma doas mans reünidas per los ponhets.

Compren que queu nombre es *dotze*.

Te perpausa de coneitre d'autres nombres. I 'ribaras-tu emb las indicacions que t'a balhadas ?

Data : ______________________

GUIDE ▶ SESILHA 1			
	ACTIVITATS	COLLECTIU	INDIVIDUAU
Calcul mentau	Problemas dictats : complements	✓	1
Revisar	Problemas escrichs : complements		2 3
Aprener	Escritura daus nombres en letras (jurcant'a 99)	✓	4 5

Problemas dictats

1

.... fotòs de Zoe.

.... fotòs de Gribolha.

Problemas escrichs

2 **Quantben** demòra-t-eu de paumas dins la bóitia ?

Demòra .... paumas dins la bóitia.

3 Artus aviá dessenhat 29 fusadas.
Quantben i a-t-eu de fusadas jos la tacha ?

I a .... fusadas jos la tacha.

Nombres de 80 a 99

4 **Escrís** en chifras.

quatre-vint-dotze : ....

quatre-vint-dietz-set : ....

quatre-vint-dietz : ....

quatre-vint-quatòrze : ....

quatre-vint-set : ....

quatre-vint-dietz-uech : ....

5 **Liga** los mots per obtener lo nombre, coma dins l'exemple.

exemple — 78 : set, seissanta, uech, dietz (seissanta → dietz → uech)

95 : nòu, quatre, vint, cinc, quinze

97 : set, nòu, quatre, vint, dietz

Data : ....

GUIDE ▶ SESILHA 2	ACTIVITATS	COLLECTIU	INDIVIDUAU
Calcul mentau	Repertori aditiu	✓	1
Revisar	Descompausicions de nombres (monuda)		2
Aprener	Complement e diferença	✓	3 4

Calculs dictats

1 a ...... b ...... c ...... d ...... e ...... f ......

Descompausicions de nombres

2 **Entora** los bilhets e las peças que fau per paiar exactament chasque object.

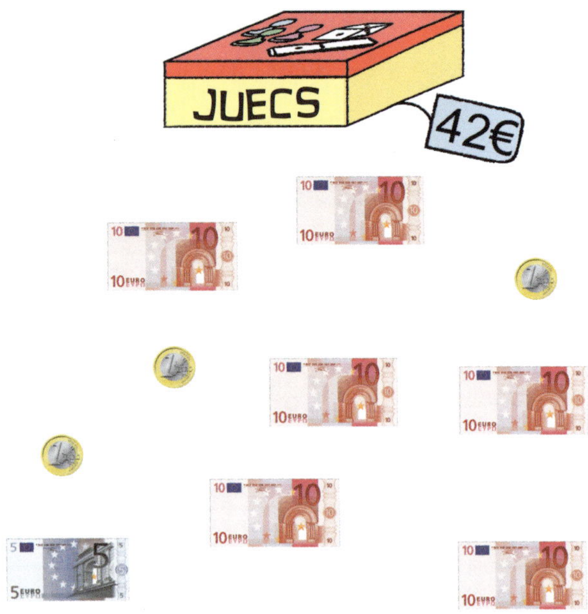

Problemas

3 **Quantben** de palhas demòra-t-eu dins lo paquet ?

Demòra .... palhas.

4 **Quantben** d'òs Gribolha a-t-eu minjats ?

Gribolha a minjat .... òs.

Data : ____________________

GUIDE ▶ SESILHA 3	ACTIVITATS	COLLECTIU	INDIVIDUAU
Calcul mentau	Repertòri aditiu	✓	1
Revisar	Descompausicions dau nombre 15		2
Aprener	Complement e diferença	✓	3 a 5

Calculs dictats

1 a ____ b ____ c ____ d ____ e ____ f ____

Descompausicions de 15

2 **Colòria** las cartas que chascun deu chausir per obtener lo nombre marcat dins la cibla.

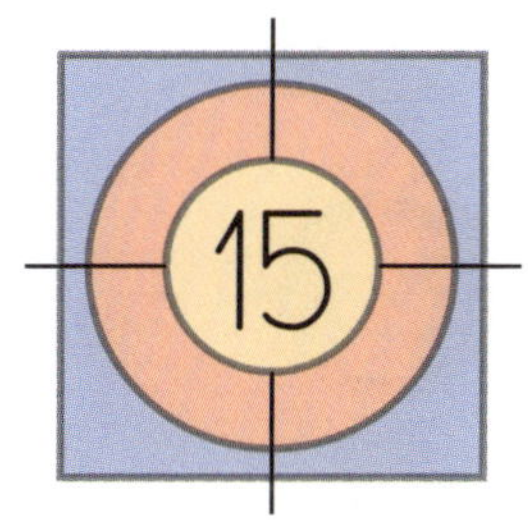

	4	2	5	9	6
	8	3	4	3	9
	1	5	5	9	4

Problemas

3 Artús a 25 fotòs de Gribolha.
Las a botadas dins doas bóitias.
Escrís quantben i a de fotòs dins la bóitia roja.

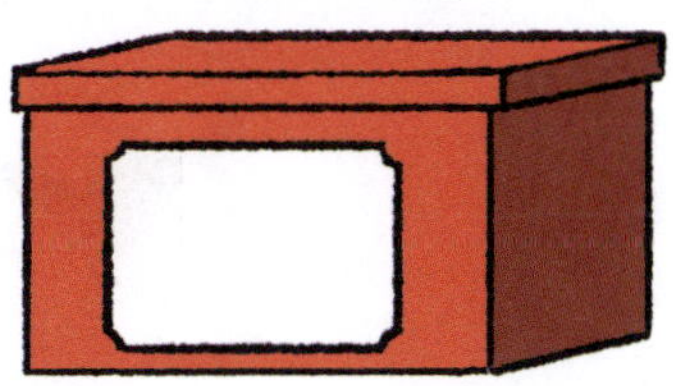

4 Zoe a tanben 25 fotòs de Gribolha. Las a botadas dins doas bóitias.
Escrís quantben i a de fotòs dins la bóitia roja.

5 Zoe a 30 pitas veituras. 7 pitas veituras son verdas.
Totas las autras son rossas. **Quantben** Zoe a-t-ela de veituras rossas ?

Zoe a .... veituras rossas.

Data : ______________________

GUIDE ▶ SESILHA 4			
	ACTIVITATS	COLLECTIU	INDIVIDUAU
Calcul mentau	Repertòri aditiu	✓	1
Revisar	Descompausicions dau nombre 20		2
Aprener	Adicion pausada	✓	3 4

Calculs dictats

1 a ____ b ____ c ____ d ____ e ____ f ____

Descompausicions de 20

2 **Colòria** las cartas que chascun deu chausir per obtener lo nombre marcat dins la cibla.

4	6	5	9	7
8	3	4	3	9
1	5	5	9	6

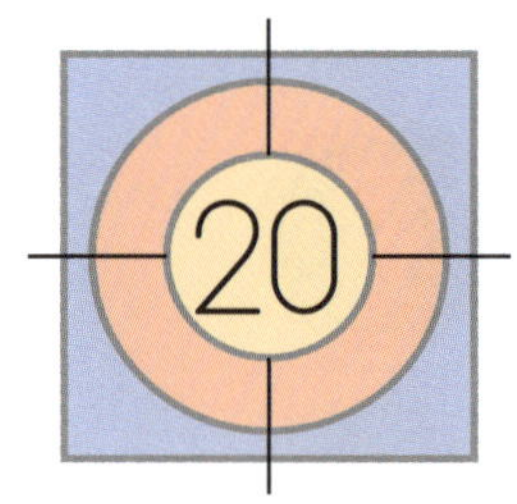

Calcul de somas

3 Veiquí los botons que Artus, Zoe e Gribolha deven comandar per adobar lors ziglòtrons.
Escrís lo nombre totau de botons que chascun deu comandar.

13
16

Nombre totau de botons : ....

26
30

Nombre totau de botons : ....

53
5
Nombre totau de botons : ....

4 **Calcula** emb lo metòde de ta chausida.

25 + 23

40 + 27

32 + 6

Data : ______________________

GUIDE ▶ SESILHA 5			
	ACTIVITATS	COLLECTIU	INDIVIDUAU
Calcul mentau	Problemas dictats : complement a 10	✓	1
Revisar	Problemas escrichs : complements		2 3
Aprener	Adicion pausada	✓	4 5

Problemas dictats

1

Problemas escrichs

2 Dins quela bóitia, i aviá una dotzena de gredas.
Escrís quantben la regenta ne'n a desjà utilizat.

La regenta a utilisat .... gredas.

3 Sus una bóitia de gredas, Artus legís «15 gredas».
Drueba la bóitia e compta las gredas.
Demòra nonmàs 5 gredas dins la bóitia.
Escrís quantben de gredas an desjà estat utilizadas.

.... gredas an desjà estat utilizadas.

Calcul de somas

4 Veiquí los botons que Artus, Zoe e Gribolha deven comandar per adobar lors ziglòtrons.
Escrís lo nombre totau de botons que chascun deu comandar.

3 4
2 3

Nombre totau de botons : ....

2 5
3 5

Nombre totau de botons : ....

2 8
5

Nombre totau de botons : ....

5 **Calcula** emb lo metòde de ta chausida.

40 + 17

29 + 21

32 + 29

Data : ....

GUIDE ▶ SESILHA 8			
ACTIVITATS		COLLECTIU	INDIVIDUAU
Calcul mentau	Calcul sus las diesenas e las unitats	✓	1
Revisar	Calcul de somas		2 3
Aprener	Comparason de somas	✓	4 5

Calculs dictats

1 a ...... b ...... c ...... d ...... e ...... f ......

Calcul de somas

2 **Calcula.**

```
  2 6        4 2        4 5
+ 3 2      + 1 8      +   8
-----      -----      -----
```

3 **Calcula** emb lo metòde de ta chausida.

- 45 + 52
- 45 + 35
- 44 + 28

Comparar de las somas

4 **Qui** a marcat lo mai de punts ?

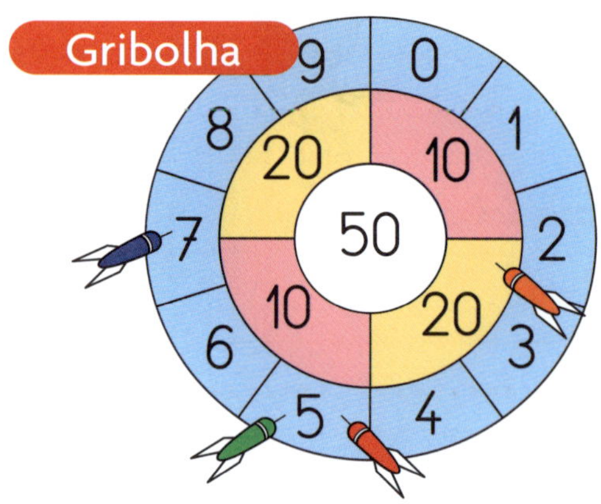

Quò es .... qu'a marcat lo mai de punts.

5 **Completa** emb <, > o =.

20 + 20 + 9 .... 20 + 10 + 10

20 + 10 + 50 .... 50 + 5 + 5 + 20

20 + 20 + 20 + 5 .... 50 + 20 + 10

50 + 20 + 6 + 4 .... 20 + 20 + 20 + 10

Data :

GUIDE ▶ SESILHA 9			
	ACTIVITATS	COLLECTIU	INDIVIDUAU
Nombres dictats	Jurcant'a 99	✓	1
Revisar	Descompausicions dau nombre 50		2
Aprener	Descompausicions de nombres	✓	3 4

Nombres dictats

1 a ..... b ..... c ..... d ..... e ..... f .....

Descompausicions de 50

2 **Colòria** las cartas que chascun deu chausir per obtener lo nombre marcat dins la cibla.

10	20	5	20	5

15	10	15	10	20

25	5	25	10	10

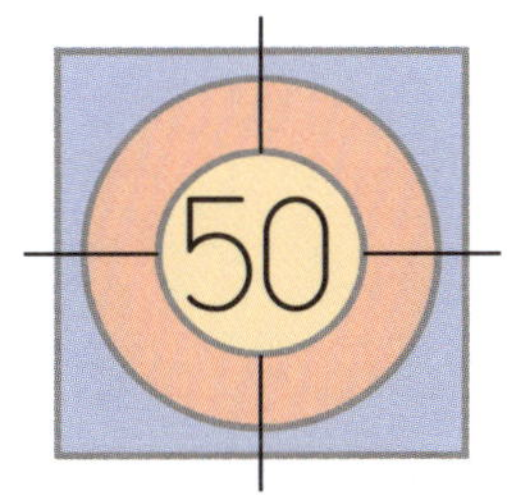

Descompausicions de nombres

3 Zoe lança 3 flechilhons. Marca 34 punts.
Indica emb de las crotz las plaças daus flechilhons. **Tròba** 3 solucions diferentas.

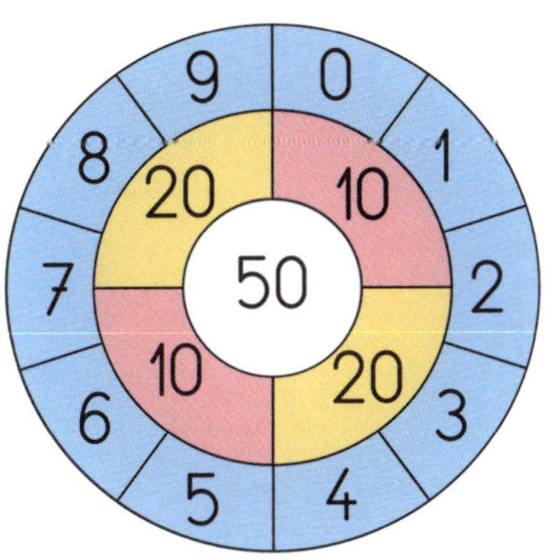

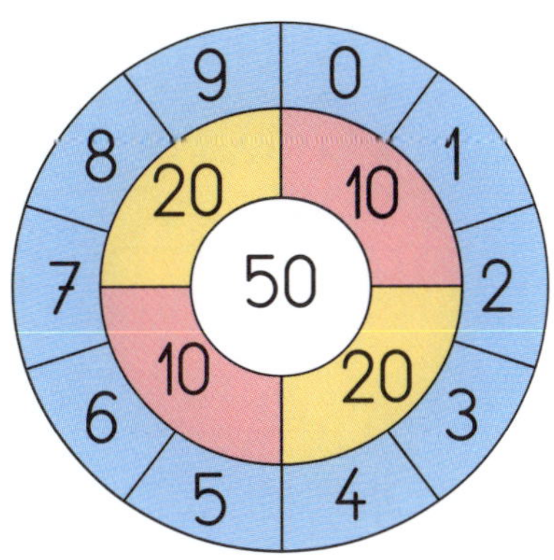

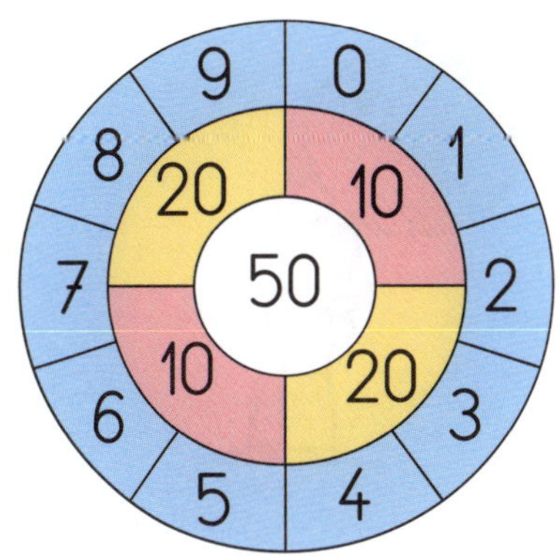

4 Artus lança 4 flechilhons. Marca 63 punts.
Escrís 6 somas que permeten d'obtener 63 punts.

....

....

....

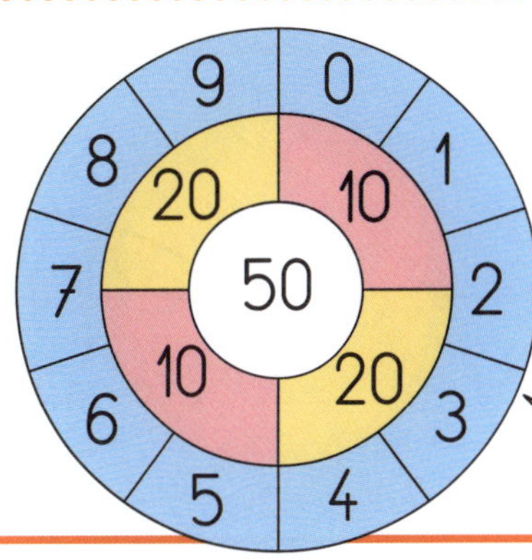

GUIDE ▶ BILANÇ	PREPARACION	BILANÇ	CONSOLIDACION
Repertòri aditiu jurcant'a 18		1	1 p. 110
Lectura daus nombres jurcant'a 99	A	2	2 p. 110
Complement e diferença	B	3	3 p. 110
Adicion pausada	C	4	4 p. 110
Comparason de somas	D	5 6	5 p. 110

Apreste lo bilanç

A L'ORAU

A

83 — quatre-vint-tres — 80 + 3

93 — quatre-vint-tretze — 80 + 13 — 90 + 3

B

C

$$\begin{array}{r} 33 \\ +\,27 \\ \hline \end{array}$$

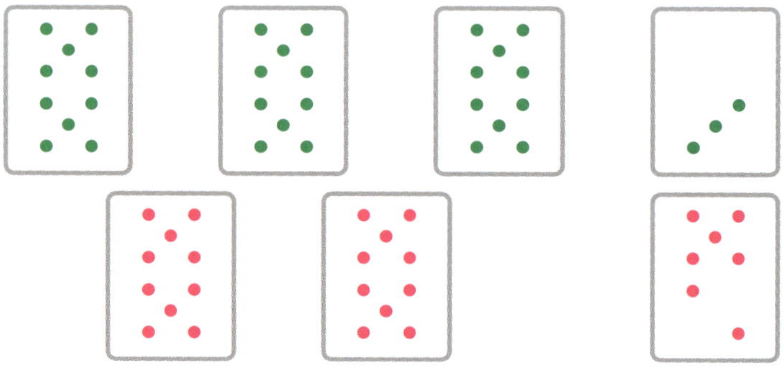

D

50 + 20 + 10 + 7

20 + 7 + 10 + 20

Data :

Fau lo bilanç

1 **Escrís** lo resultat de chasque calcul dictat.

p. 110 1

a ______ b ______ c ______ d ______ e ______ f ______

2 **Escrís** los nombres dictats.

p. 110 2

a ______ b ______ c ______ d ______ e ______ f ______

3 Dins quel albòm, i a 20 fotòs : de las fotòs de Zoe e de las fotòs de Gribolha. I a 6 fotòs de Zoe.

Escrís quantben i a de fotòs de Gribolha dins l'albòm.

p. 110 3

Ia .... fotòs de Gribolha dins l'albòm.

4 **Calcula** emb lo metòde de ta chausida.

p. 110 4

35 + 53 | 37 + 43 | 58 + 27

5 **Qui** a marcat lo mai de punts ?

p. 110 5

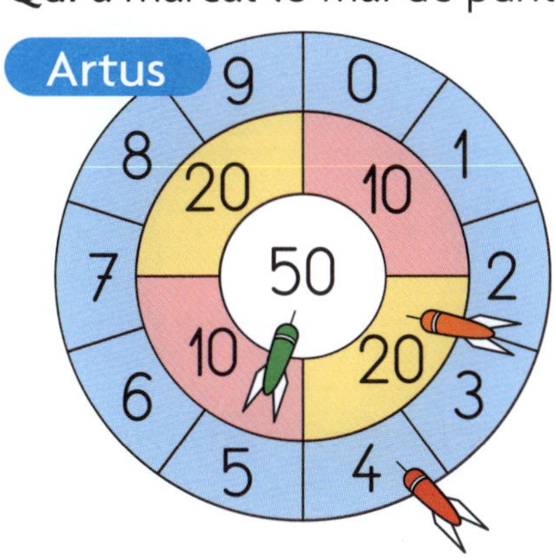

Quò es .... qu'a marcat lo mai de punts.

6 **Completa** emb <, > o =.

p. 110 5

20 + 20 + 7 + 5 .... 20 + 10 + 10 + 8 | 50 + 8 .... 20 + 20 + 10 + 8

Consolide mas coneissenças

1 **Completa.**

8 + 6 = ...	3 + 9 = ...	7 + 7 = ...	7 + 9 = ...
7 + 6 = ...	8 + 9 = ...	8 + 7 = ...	6 + 9 = ...

2 **Escrís** en chifras.

seissanta-setze :	seissanta-dietz-e-nòu : ....
quatre-vints :	quatre-vint-dos : ....
quatre-vint-setze :	quatre-vint-dietz : ....

3 **Quantben** i a-t-eu de lapins jos la tacha ?

I a .... lapins jos la tacha.

4 **Calcula** emb lo metòde de ta chausida.

58 + 30

55 + 23

47 + 43

5 ★ **Qui** a marcat lo mai de punts ?

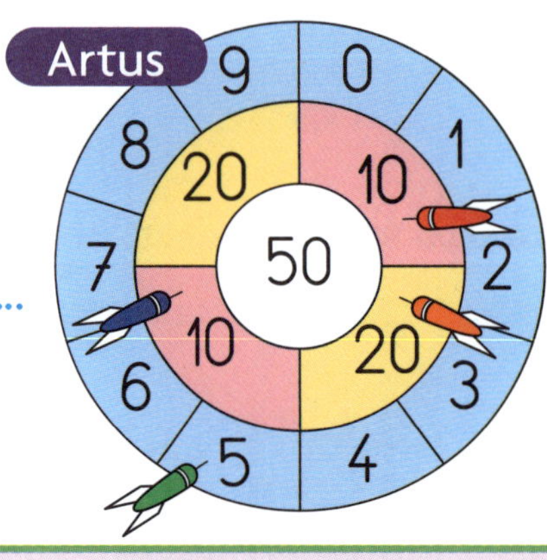

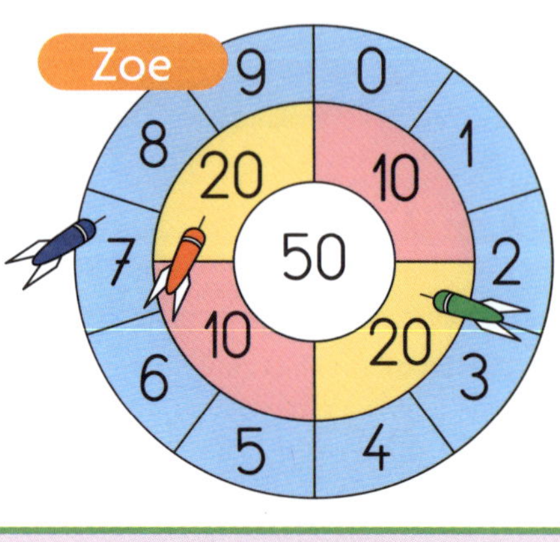

Quò es .... qu'a marcat lo mai de punts.

Lo cirque

1 Quantben i a-t-eu de chavaus ?

I a .... chavaus.

2 Quantben i a-t-eu de pitits singes ?

I a .... pitits singes.

RESPONSABLE D'EDICION : Corinne Caraty

EDICION : Jeanne Boyer

CONCEPCION GRAFICA : Sophie Duclos

BOTADA EN PAGINAS : Nadine Aymard

ILLUSTRACIONS : Daniel Blancou

DESSENHS TECNIQUES : Nadine Aymard e Écho graphic

RESPONSABLE D'EDICION EN OCCITAN : CAP'ÒC

BOTADA EN PAGINAS : CAP'ÒC

'Chabat d'imprimir en França
Depaus legau : mai de 2017
Reïmpression : julhet de 2020

Cap a las mats CP - Plancha 1 : cartas dets

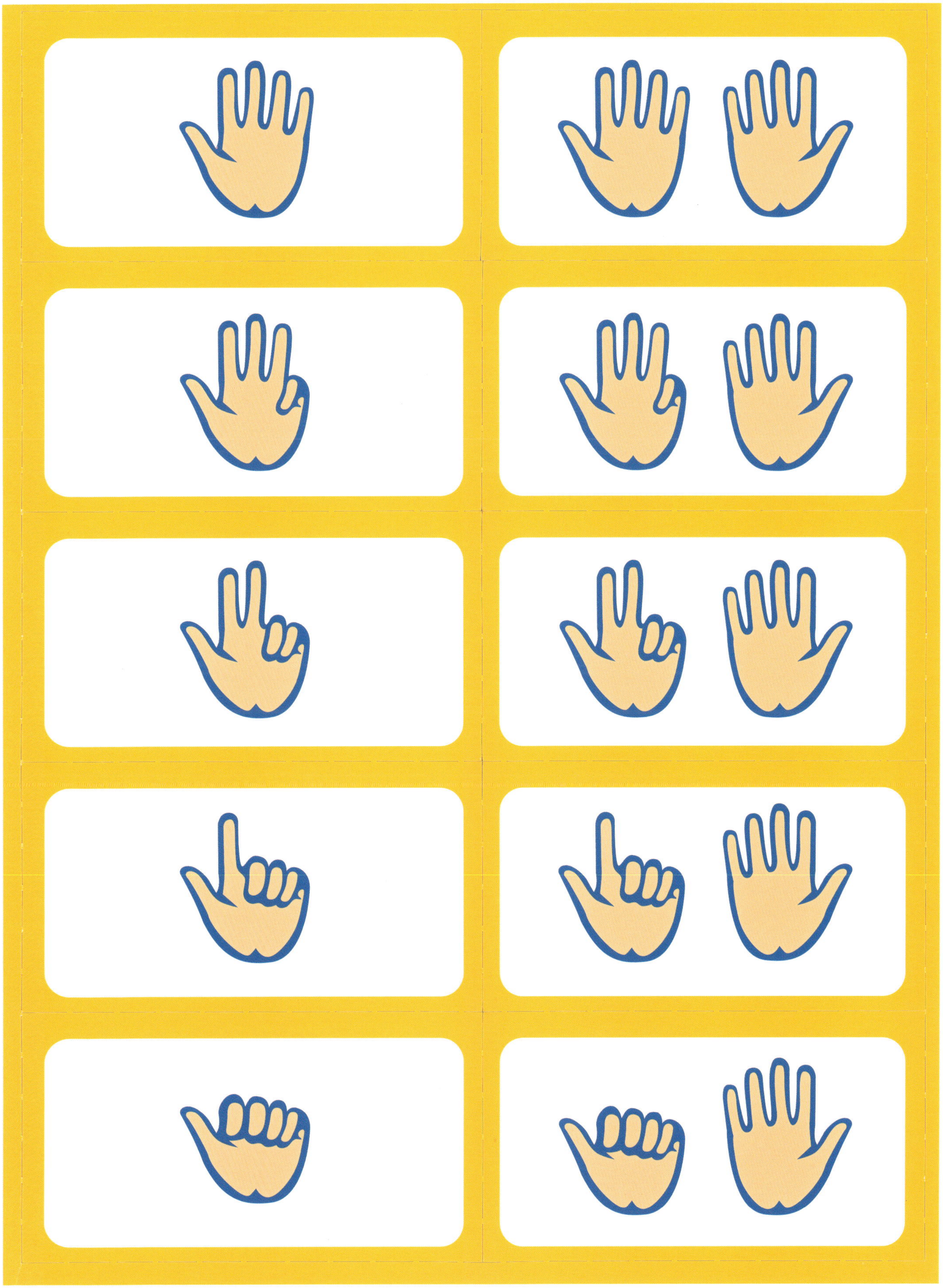

Cap a las Mats CP

Cap a las Mats CP

Cap a las Mats CP

Cap a las Mats CP

Cap a las Mats CP

Cap a las Mats CP

Cap a las Mats CP

Cap a las Mats CP

Cap a las Mats CP

Cap a las Mats CP

Cap a las mats CP - Plancha 2 : cartas constellacions

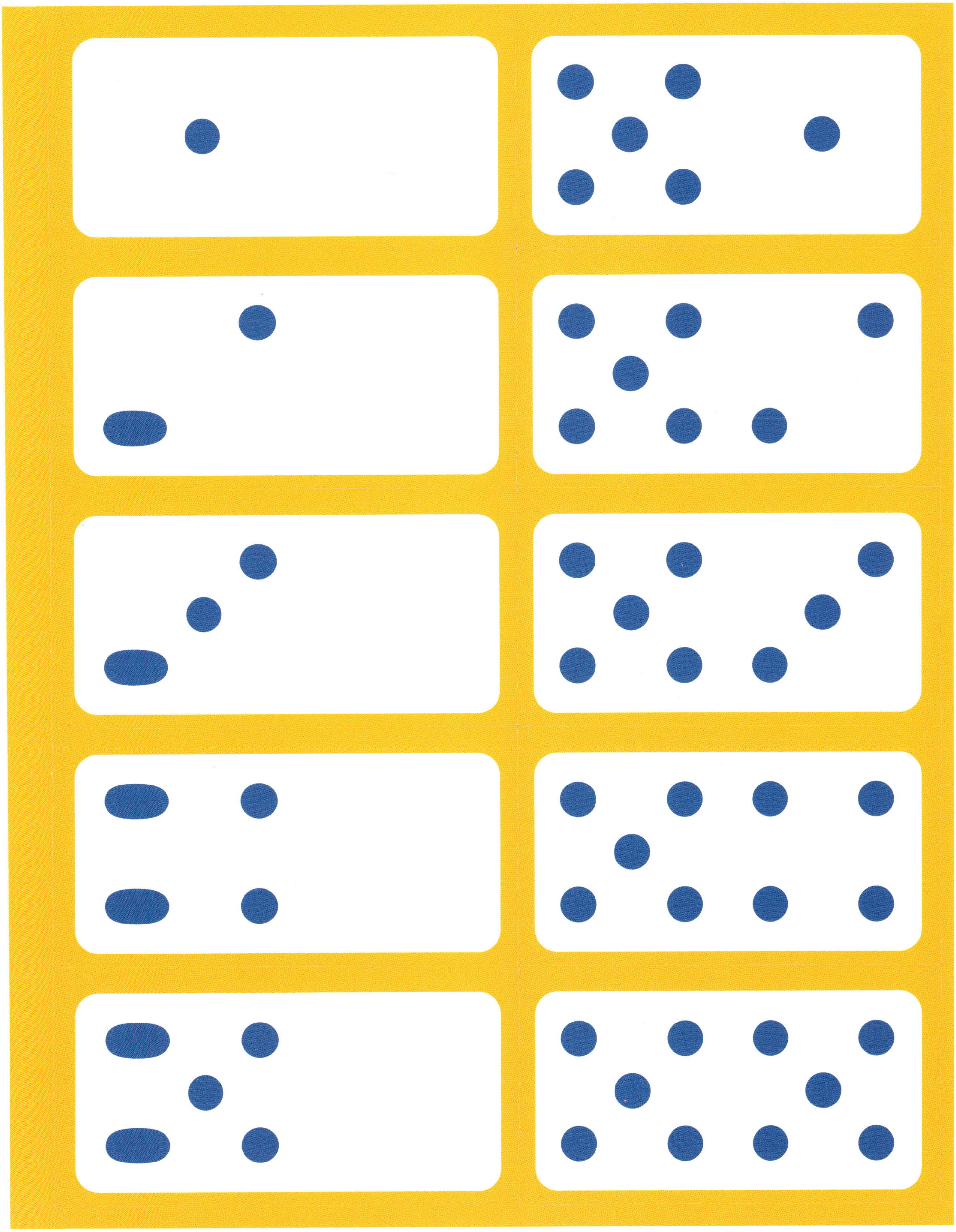

Cap a las Mats CP

Cap a las Mats CP

Cap a las Mats CP

Cap a las Mats CP

Cap a las Mats CP

Cap a las Mats CP

Cap a las Mats CP

Cap a las Mats CP

Cap a las Mats CP

Cap a las Mats CP

Cap a las mats CP - Plancha 3 : cartas nombres

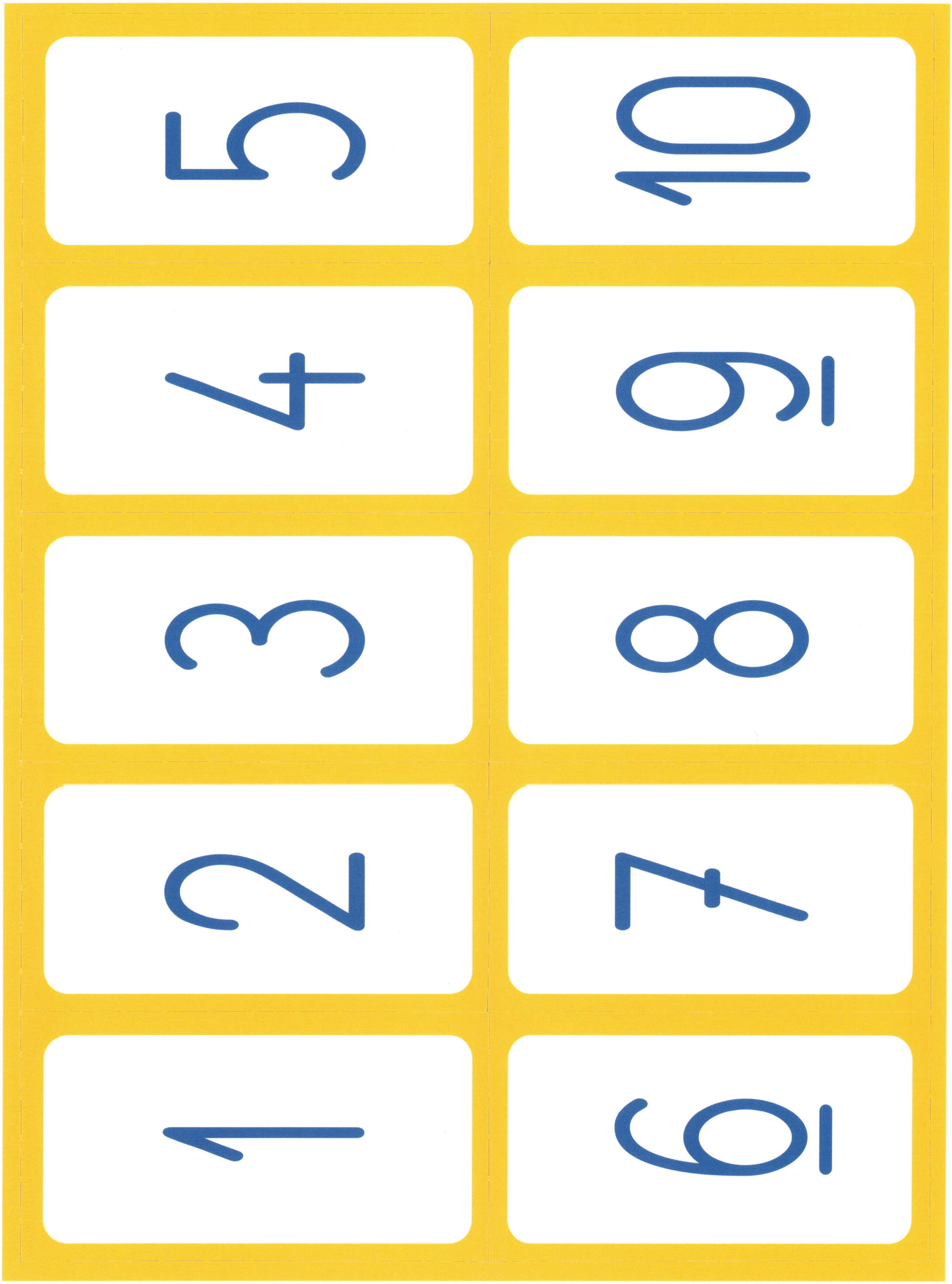

Cap a las Mats CP

Cap a las Mats CP

Cap a las Mats CP

Cap a las Mats CP

Cap a las Mats CP

Cap a las Mats CP

Cap a las Mats CP

Cap a las Mats CP

Cap a las Mats CP

Cap a las Mats CP

Cap a las mats CP - Plancha 4 : cartas nombres

15

0

14

19

13

18

12

17

11

16

Cap a las Mats CP

Cap a las Mats CP

Cap a las Mats CP

Cap a las Mats CP

Cap a las Mats CP

Cap a las Mats CP

Cap a las Mats CP

Cap a las Mats CP

Cap a las Mats CP

Cap a las Mats CP

Cap a las mats CP - Plancha 5 : euros

LIBERTÉ ÉGALITÉ FRATERNITÉ
RF
2002
5
012345678900
5 EURO
10
10 EURO
20
20 EURO
50
50 EURO

Cap a las mats CP - Plancha 6 : comptador

Ma fila numerica

Mon tableu daus nombres

0	1	2	3	4	5	6	7	8	9
10	11	12	13	14	15	16	17	18	19
20	21	22	23	24	25	26	27	28	29
30	31	32	33	34	35	36	37	38	39
40	41	42	43	44	45	46	47	48	49
50	51	52	53	54	55	56	57	58	59
60	61	62	63	64	65	66	67	68	69
70	71	72	73	74	75	76	77	78	79
80	81	82	83	84	85	86	87	88	89
90	91	92	93	94	95	96	97	98	99